Manual para conocer TOKIO y no morir en el intento

japonismo

Introducción

Que Japón es un país que está en boca de todos y en todas las listas de viajes no es algo que te vayamos a descubrir ahora. Además, desde la publicación de nuestro tercer libro con Anaya Touring, «Manual para viajar a Japón y no morir en el intento», lejos quedan las preocupaciones y miedos a la hora de planificar el viaje (¡y si no lo tienes, ya estás tardando en adquirirlo!).

Quizás las dudas puedan surgir con Tokio, su capital. Porque esta megalópolis —el área metropolitana de Tokio tiene más de 37 millones de habitantes— es el principal punto de entrada para casi todos los turistas que llegan al país.

Lógicamente, con una ciudad tan grande y con tantas poblaciones cercanas que, gracias a sus conexiones en transporte público han formado la conurbación más poblada del mundo, saber cómo empezar a visitar Tokio puede resultar estresante y complicado.

Tokio tiene la gran ventaja de que es como un Japón en miniatura (aunque con lo grande que es, lo de «en miniatura» casi suena a broma). Aunque sólo estés unos pocos días en Japón y tengas poco tiempo para ver otras ciudades, en Tokio encuentras de todo. En sus calles, verás muchas de las estampas que te mostrábamos en «Japón en imágenes», nuestro segundo libro, por ejemplo. Porque la capital no es sólo el núcleo de ese Japón tecnológico que muchos turistas tienen en mente. También tiene impresionantes templos y santuarios, así como jardines tradicionales que te transportan al Japón de antaño.

Si buscas atracciones relacionadas con el *manga* y el *anime* también las tienes, así como la mejor gastronomía de todo el mundo, con más estrellas Michelin que ninguna otra ciudad. Pero si buscas comida popular japonesa o incluso comida regional de todos los rincones del país, puedes encontrar restaurantes donde se sirven platos típicos de Hokkaido hasta Okinawa, como te contábamos en nuestro primer libro «Japonismo, un delicioso viaje gastronómico por Japón».

Asimismo, navegar por Tokio es una maravilla gracias a su extensa red de metro, de autobuses y de trenes de diversas compañías ferroviarias. Eso sí, a veces hay tantas conexiones, que puede hacerte explotar la cabeza.

Pero todas estas ventajas de la gran metrópolis japonesa son también su principal desventaja. Porque cuando no sabes nada de Tokio y la pisas por primera vez, cuesta abarcar todo lo que ofrece. Su tamaño, su escala, su enormidad, abruma.

Por eso, en Japonismo llevamos desde 2006 escribiendo sobre todo Japón, con especial hincapié en Tokio, para que te resulte todo más sencillo. Ahora, gracias a este libro que tienes entre manos, navegar por la complejidad de la capital japonesa será pan comido y ya no tendrás nada de qué preocuparte.

¡Disfruta de Tokio!

Laura Tomàs y Luis Rodríguez, Málaga 2025

Tokio
de un vistazo

L a ciudad de Tokio se encuentra al noroeste de la bahía de Tokio, en la región de Kanto de la isla de Honshu, la isla principal del país. Es el centro económico, político y financiero de Japón y cuenta con algunas de las mejores universidades y con opciones de entretenimiento para satisfacer una demanda inabarcable.

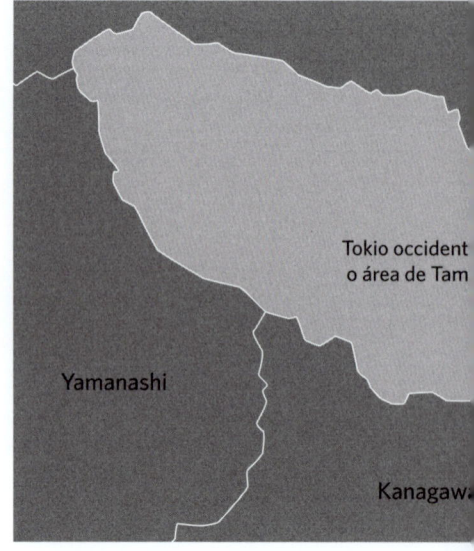

Tokio occident
o área de Tam

Yamanashi

Kanagawa

Geografía

La metrópolis de Tokio tiene una organización peculiar, así como peculiar es su forma, alargada de este a oeste. La oficialmente llamada Metrópolis de Tokio se divide en los llamados 23 barrios o distritos especiales —al este de la ciudad y en la zona más cercana a la bahía— y el área de Tokio Occidental, que cubre poblaciones y municipios en zonas menos pobladas y montañosas.

En total, hablamos de más de 14 millones de habitantes para toda la metrópolis, de los que más de 9 millones pertenecen a los 23 barrios especiales. La administración de la ciudad corre a cargo del gobierno metropolitano, encabezado por un gobernador (gobernadora en este caso, Yuriko Koike, desde 2016), cuya sede se encuentra en un precioso edificio en Shinjuku del que te hablaremos más adelante.

Los 23 barrios especiales

Estos 23 barrios especiales (*ku*, en japonés y *special ward* en la versión en inglés que verás en señales y carteles) son municipios con un estatus especial que no tiene ninguna otra población japonesa. Cubren el territorio que antaño tuvo la Ciudad de Tokio, que fue abolida en 1943 y se fusionó con la Prefectura de Tokio, que asumió su gobierno y pasó a denominarse Metrópolis de Tokio (eso sí, no la confundas con el área metropolitana de Tokio, que es aún mayor).

Sin embargo, los barrios especiales no se crearon hasta 1947, cuando se le dio a la metrópolis de Tokio el mismo estatus que al resto de las prefecturas. Desde entonces, estos barrios especiales tienen sus pro-

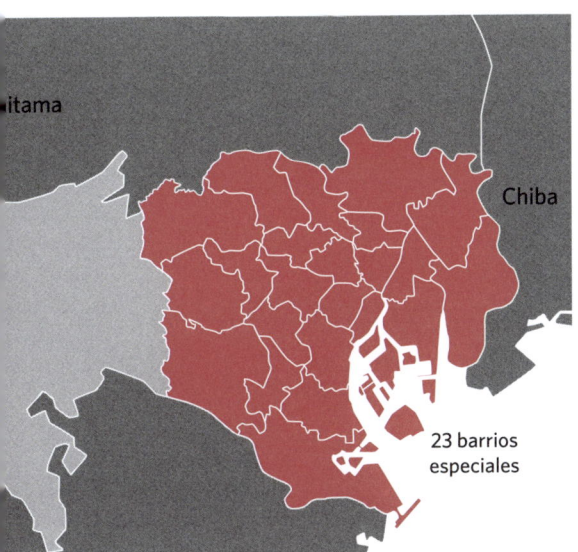

itama

Chiba

23 barrios
especiales

pias corporaciones municipales, sus propios ayuntamientos y sus alcaldes.

Al no haber separaciones físicas entre ellos, en tu visita lo más probable es que no te des cuenta de si estás en uno u otro, pero de vez en cuando tal vez veas señales en las calles que dirigen al ayuntamiento de un barrio u otro, señal de que Tokio es una especie de «ciudad de ciudades».

Sin duda alguna, aunque toda la ciudad tiene lugares de interés, la gran mayoría de atractivos turísticos se encuentran en la zona delimitada por estos 23 barrios especiales, especialmente los centrales: Chiyoda, Chuo, Minato, Shinjuku, Bunkyo, Taito, Sumida, Meguro o Shibuya. También hablamos de ellos más adelante.

Adachi

Itabashi

Kita

Nerima

Katsushika

Arakawa

Toshima

Bunkyo

Taito

Sumida

Nakano

Shinjuku

Chiyoda

Chuo

Edogawa

Suginami

Shibuya

Koto

Setagaya

Minato

Meguro

Shinagawa

Ota

Los 23 barrios especiales

Tokio Occidental

Además de los 23 barrios especiales, la metrópolis de Tokio incluye 26 ciudades, cinco pueblos y ocho poblados, cada uno de ellos con su propio gobierno local, aunque de nuevo, bajo la administración general del gobierno metropolitano.

Esta zona al oeste de la capital recibe el nombre popular de área de Tama —por el río que la atraviesa— y cuenta con lugares como Chofu, Mitaka, Musashino, Ome o Hachioji, entre otras. Aporta algo más de 4 millones de habitantes al conjunto de la metrópolis.

El Gran Tokio

Al ser Tokio la capital del país y el centro de las líneas de *shinkansen* o tren bala, así como de muchas otras compañías ferroviarias que conectan la ciudad con las prefecturas que hay alrededor, Tokio se ha convertido en el gran atractor de Japón, la ciudad donde hay más oportunidades laborales y las mejores universidades.

Por eso, muchos japoneses que viven en el resto de la región de Kanto (que incluye las prefecturas de Chiba, Gunma, Ibaraki, Kanagawa, Saitama y Tochigi), acuden a diario a Tokio a estudiar o trabajar, viviendo luego en ciudades dormitorio.

Clima

Tokio tiene un clima húmedo y subtropical y, al igual que gran parte del centro de Japón, cuenta con cuatro estaciones bien diferenciadas, aunque

LAS ISLAS DE TOKIO

Al sur de Tokio hay dos archipiélagos de islas volcánicas que, oficialmente, forman parte de la metrópolis de Tokio. Las islas Ogasawara y las islas Izu ofrecen un paisaje muy diferente, con playas de aguas turquesas, caminos de senderismo con vistas espectaculares y formas volcánicas maravillosas. Visitarlas puede añadir lugares muy diferentes a tu experiencia en Tokio aunque ten en cuenta que tardarás en llegar, por lo que salvo que dispongas de muchos días, quizás prefieras dedicarlos a la ciudad propiamente dicha.

en los últimos años la temperatura ha sido más alta de lo normal al comienzo de la primavera y a finales del otoño.

Esto hace que los meses de verano en Tokio sean muy calurosos debido a la gran humedad que hay en el ambiente y, además, con altas posibilidades de lluvias, aunque no a diario. La temporada de lluvias llega en junio y puede alargarse durante los primeros días de julio, mientras que la época de tifones suele tener lugar desde mediados de agosto hasta finales de septiembre. Por otra parte, los inviernos son fríos aunque mucho menos que en el norte del país.

Si te preocupa la meteorología, te recomendamos que escojas primavera u otoño para visitar la ciudad, cuando las temperaturas son

CLIMA DE TOKIO

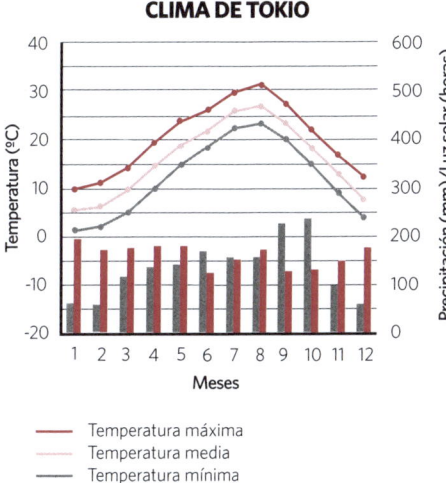

- Temperatura máxima
- Temperatura media
- Temperatura mínima

- Precipitaciones
- Luz solar

agradables y no hay tanta lluvia. De todas formas, cada mes tiene algo especial en Tokio, como ocurre en el resto de Japón. Si sólo puedes visitar la ciudad en una época concreta, no te preocupes demasiado porque estamos seguros de que te encantará.

Cómo llegar y moverse por Tokio

Siendo la capital del país no es de extrañar que tengas muchas formas de llegar a Tokio y de moverte desde allí a otros muchos destinos. Este es uno de los puntos fuertes de la ciudad, su extensa red de transporte que te permite visitar toda la metrópolis así como muchas otras ciudades japonesas e internacionales de forma sencilla y rápida.

AEROPUERTOS DE TOKIO: NARITA Y HANEDA

Seguro que algún lector habrá leído este título con el ceño fruncido, porque realmente el aeropuerto de Narita está en la vecina prefectura de Chiba, a unos 80 kilómetros del centro de Tokio.

Sin embargo, tradicionalmente ha sido el principal punto de entrada a la capital y, gracias a las sucesivas mejoras realizadas en él, es capaz de operar 46 vuelos a la hora, con más de 32 millones de pasajeros al año.

En la mente de la mayoría de turistas, el aeropuerto de Haneda (realmente llamado Aeropuerto Internacional de Tokio) ha ido ganando puestos en los últimos años, sobre todo con la apertura de su Terminal 3, dedicada a vuelos internacionales, mucho más luminosa que las terminales del aeropuerto de Narita y con muchas más opciones comerciales y de restauración.

Curiosamente, Haneda fue el único aeropuerto internacional de Tokio hasta 1978, cuando se inauguró el aeropuerto de Narita, que pasó a operar la gran mayoría de vuelos in-

ternacionales, mientras Haneda pasó a dedicarse a los vuelos domésticos. A partir de 2010, con la apertura de la Terminal Internacional (hoy Terminal 3), el aeropuerto comenzó a absorber más y más tráfico internacional.

De hecho, pese a lo que se pueda pensar, el aeropuerto de Haneda puede dar servicio a 90 millones de pasajeros al año y en 2024 llegó a casi 80 millones, muy por encima de las cifras del aeropuerto de Narita. Esto hace que Haneda suela estar en la cuarta o quinta posición entre los aeropuertos con más tráfico del mundo, mientras que Narita suele estar en la posición 50, aproximadamente.

En cualquier caso, desde ambos aeropuertos hay una gran cantidad de vuelos tanto de las aerolíneas clásicas japonesas (ANA y Japan Airlines) como de otras de bajo coste a destinos domésticos e internacionales, que te permiten llegar a lugares algo más alejados donde el tren ya no resulta conveniente, como Hokkaido, Shikoku, Kyushu y Okinawa, principalmente.

TRES ESTACIONES DE TREN BALA

Tokio es el centro de la red de alta velocidad ferroviaria en Japón, ya que desde la capital parten líneas que conectan con casi todo el país. Además, la ciudad cuenta con tres estaciones de tren bala: Tokio, Shinagawa y Ueno.

La primera de ellas, con el mismo nombre que la ciudad (se podría interpretar como «Tokio Central»), es donde empiezan las líneas de tren bala que van hacia el norte y este, así como las que van hacia el sur y oeste. Desde aquí puedes viajar tanto a la zona metropolitana de Tokio como a destinos más alejados.

Si vas en dirección a Nagoya, Kioto u Osaka, quizás te resulte más interesante subir al tren en la estación de Shinagawa, la segunda parada de la línea Tokaido Shinkansen en la que paran todos los trenes. La estación, aunque grande y concurrida, es mucho más sencilla de navegar y tiene menos gente que la estación de Tokio.

En caso de que viajes hacia el este o el norte, puedes ir hasta la estación de Ueno, la segunda estación en las líneas Tohoku Shinkansen, Hokuriku Shinkansen y Joetsu Shinkansen. Como en el caso de Shinagawa, es una estación muy grande y concurrida, pero no tanto como la estación de Tokio.

Para viajar en estos trenes de alta velocidad necesitarás comprar un billete que incluye tarifa base, la tarifa de expreso limitado y, en algunos casos, la reserva de asiento (algunos trenes hacia el norte tienen todos sus asientos reservados, tenlo en cuenta). Existen también pases que te permiten viajes ilimitados en estos trenes, como el JR Pass nacional u otros pases regionales.

Escanea el código para obtener más información sobre el JR Pass nacional y otros pases regionales.

TRANSPORTE URBANO E INTERURBANO

Tokio cuenta con una red muy tupida de medios de transporte que se complementan para llegar prácticamente a todas partes.

El metro es, quizás, la estrella, con 13 líneas gestionadas por dos operadores diferentes: Tokyo Metro (que gestiona 9) y Toei Subway (que está gestionada por el propio gobierno metropolitano y gestiona las otras 4). En total hablamos de más de 300 kilómetros de vías y más de 8 millones de pasajeros al día. Ten en cuenta que en las líneas de metro no puedes usar el JR Pass, pero sí existen pases de viajes ilimitados de 24, 48 y 72 horas.

Si con el metro no te resulta suficiente, por Tokio y sus alrededores hay muchas otras líneas de tren de operadores como la propia JR (donde sí podrás usar el JR Pass) o como Odakyu, Tobu, Keikyu, Keisei, Seibu y Tokyu. En muchos casos, como los trenes de estas compañías y los

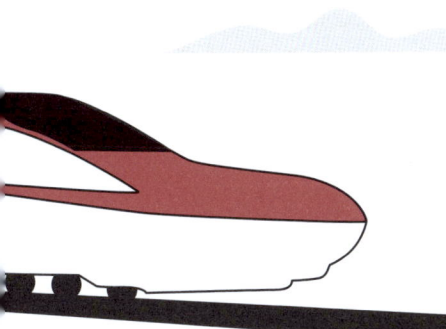

de metro comparten medidas, hay líneas de metro que luego continúan por vías de otras compañías, extendiendo así el alcance de los trenes.

Con estos trenes puedes visitar algunos lugares a las afueras de Tokio que son también interesantes pero menos llenos de gente, donde el metro ya no alcanza. Pero no te preocupes porque en este manual te contaremos algunos de estos lugares para que los añadas a tu planificación de viaje por Tokio.

Asimismo, en Tokio tienes el Sakura Tram, la única línea que queda de la antigua red de tranvías de la capital y que tiene un recorrido por zonas de Tokio menos turísticas pero llenas de cerezos. La línea Setagaya, gestionada por Tokyu, está también considerada como tranvía y te lleva a lugares menos concurridos de la ciudad.

Los autobuses en Tokio los gestiona Toei Bus, también dependiente del gobierno metropolitano, y tiene unas 200 rutas con más de 1400 autobuses al día. Al contrario que en muchos otros autobuses japoneses, en los de Tokio se entra por delante y se paga al entrar, ya que el precio es fijo para cualquier desplazamiento, sin importar la distancia.

A pesar de que existen muchos pases para el turista, si te vas a estar moviendo únicamente por la ciudad, a veces te basta con una tarjeta Suica, Pasmo u otra de las tarjetas sin contacto que se pueden conseguir en otras ciudades japonesas y que son interoperables. De esta forma no tienes que preocuparte por el precio exacto del desplazamiento, sólo de tener dinero en esta tarjeta monedero, que puedes cargar en estaciones de tren y metro así como en tiendas de conveniencia. Las tarjetas pueden llegar a tener un máximo de 20 000 yenes al mismo tiempo y tienes que cargarlas con dinero en metálico. Con ellas podrás pagar autobuses, metros, trenes locales, tiendas de conveniencia, máquinas de bebida, taxis, etc.

Escanea el código para obtener más información sobre las tarjetas sin contacto, ideales para pagar el transporte público.

Tokio
básico

Si vas a Tokio por primera vez hay lugares que vas a querer ver sí o sí, y es totalmente comprensible. O bien porque los has visto en alguna película, serie de televisión o de *anime*, o bien porque conoces gente que ya ha estado. No dejes que nadie te diga que no merecen la pena sólo porque son «lo típico».

Parte del encanto de Tokio está en que sus lugares más típicos son vibrantes, divertidos y llenos de vida, con multitud de opciones de ocio, busques lo que busques. Todos estos lugares forman parte de los 23 barrios especiales de los que ya te hemos hablado y forman el núcleo de lo que es la capital. Más adelante te contamos cómo combinarlos pero, por ahora, verás que Tokio da para muchos, muchos días.

Shinjuku

Uno de los barrios especiales más conocidos —y de los más populares, además— es Shinjuku. Su estación de tren, que da servicio a varias compañías, es la más concurrida del mundo según el Libro Guinness de los Récords (¡más de 3,6 millones de pasajeros al día!).

Si buscas entretenimiento y ocio nocturno en Shinjuku vas bien servido, ya que encuentras desde las tabernas *izakaya* de Omoide Yokocho (muchas especializadas en *yakitori* o brochetas de pollo) a los pequeñísimos bares con encanto de Golden Gai.

Muy cerca de Golden Gai tienes el barrio rojo de Kabukicho, donde es verdad que hay ciertos locales de entretenimiento adulto de dudoso gusto pero donde también hay una infinidad de bares y restaurantes, así como el hotel Gracery con su efigie de Godzilla en la fachada, o la Kabukicho Tower, un rascacielos de 48 plantas inaugurado en 2023 que está totalmente dedicado al ocio.

Además, en este barrio se encuentra el distrito de los rascacielos, donde entre otros tienes la preciosa torre Mode Gakuen Cocoon, un edificio de 50 pisos dedicados a fines educativos, así como la sede del Gobierno Metropolitano de Tokio, un impresionante rascacielos diseñado por Kenzo Tange que cuenta con

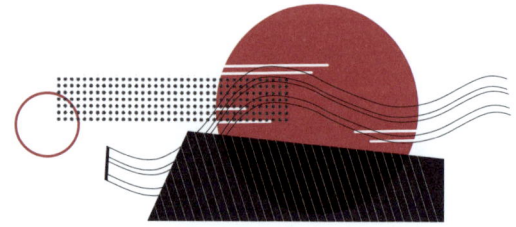

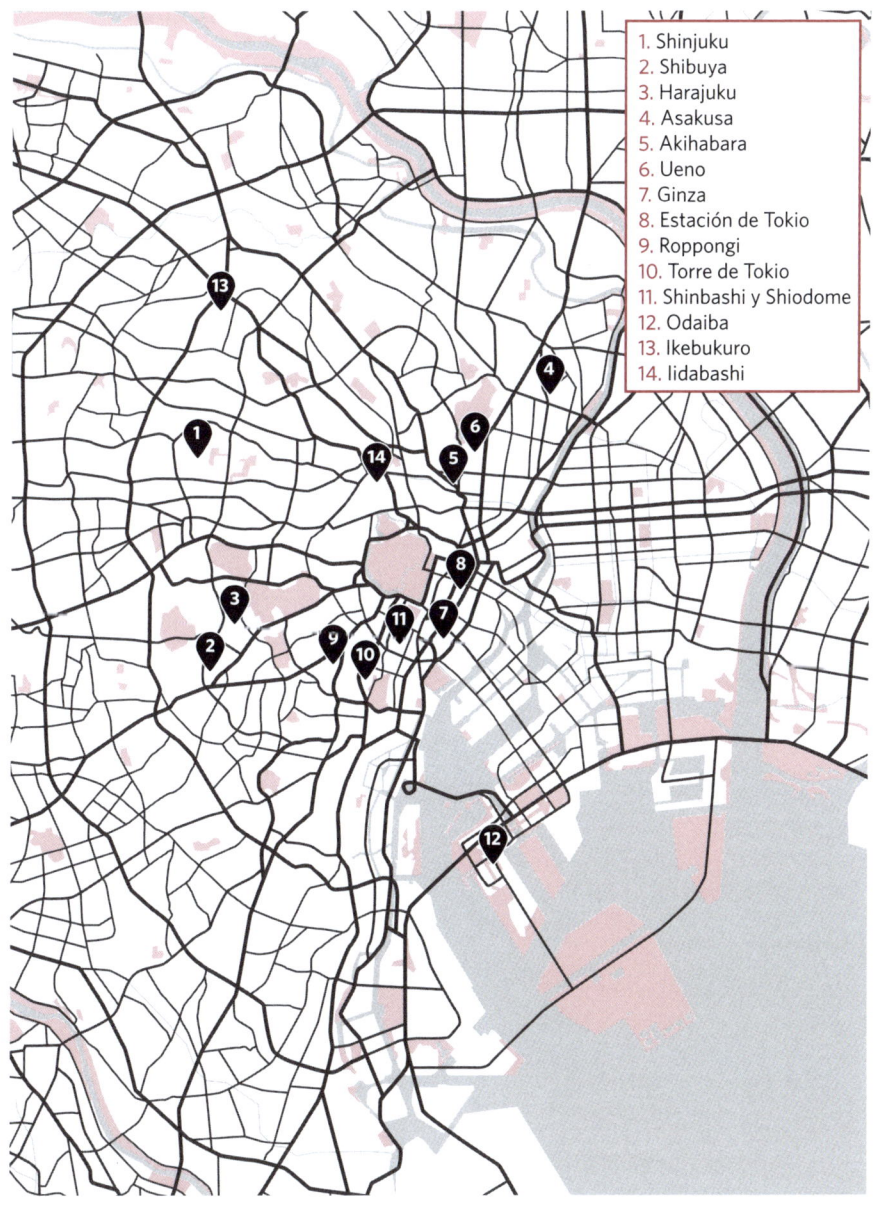

1. Shinjuku
2. Shibuya
3. Harajuku
4. Asakusa
5. Akihabara
6. Ueno
7. Ginza
8. Estación de Tokio
9. Roppongi
10. Torre de Tokio
11. Shinbashi y Shiodome
12. Odaiba
13. Ikebukuro
14. Iidabashi

En este barrio se encuentra el distrito de los rascacielos, donde entre otros tienes la preciosa torre Mode Gakuen Cocoon, un edificio de 50 pisos dedicados a fines educativos

miradores gratuitos en cada una de sus dos torres. Estos miradores están acristalados y nunca abren los dos a la vez, pero sea cual sea el que encuentres abierto cuando lo visites, son perfectos para hacerte una idea de la inmensidad de la capital. Sube y alucina con las vistas, tanto de día como de noche, te dejarán sin palabras.

Si lo que buscas es relajarte con un paseo tranquilo —a pesar de estar en uno de los lugares más concurridos de la capital— tienes el bonito parque Shinjuku Gyoen, que cuenta con un jardín japonés, un jardín de diseño francés y otro de diseño inglés. Es absolutamente precioso en todas las épocas del año pero destaca especialmente en primavera cuando florecen los cerezos y en otoño cuando los árboles cambian sus hojas de color.

Finalmente, Shinjuku cuenta también con el barrio de ambiente más animado de Japón, Shinjuku Ni-chome, con bares y locales orientados a la comunidad LGTBI+.

Al sur del parque puedes explorar la zona de Meiji Jingu Gaien, donde se encuentra el nuevo estadio nacional, obra de Kengo Kuma y uno de los lugares más populares en Tokio para disfrutar de las hojas amarillas de los ginkgo en otoño.

SHIN-OKUBO, EL BARRIO COREANO Y MULTICULTURAL

Al norte de la estación de Shinjuku se encuentra Shin-Okubo, el barrio coreano de Tokio. En él encontrarás multitud de restaurantes coreanos, tiendas de productos relacionados con actores y cantantes coreanos, locales de cosmética coreana y hasta librerías coreanas. Pero en los últimos años, también han abierto muchos supermercados de productos extranjeros y restaurantes de todo tipo, convirtiéndose en uno de los barrios más multiculturales de Tokio.

Escanea el código para obtener más información sobre Shinjuku.

Shibuya

Shibuya es otro de los barrios más visitados y con más que ver de Tokio, simplemente moviéndote un poco. Muchos turistas, sin embargo, se quedan a poca distancia de la salida de su estación de tren, justo donde se encuentra la estatua de Hachiko, el perro fiel, convertida en punto de encuentro para tokiotas y visitantes.

Justo allí tienes el paso de cebra más concurrido del mundo y un buen montón de centros comerciales, calles llenas de tiendas y restaurantes (como Center Gai) y rascacielos, muchos de ellos con vistas a este paso de cebra desde lo alto. El más destacado es el edificio Shibuya Scramble, que inauguró en 2019 su mirador al aire libre Shibuya Sky, que se ha convertido en la mejor opción tras el cierre del mirador exterior en la torre Mori de Roppongi.

Otros miradores interesantes, aunque tras cristales, los tienes en el edificio Hikarie (gratuito) o en la azotea del centro comercial Magnet by Shibuya 109. Hablando de Shibuya 109, no puedes dejar pasar este icónico edificio cilíndrico que es una de las cunas de la moda japonesa. Descubre todas sus tiendas y, justo detrás, pasea por la zona de Dogenzaka, repleta de *love hotels* (hoteles por horas) y algún santuario curioso escondido entre estos hoteles.

No te pierdas tampoco Miyashita Park, un centro comercial paralelo a las vías de tren, el Shibuya Sakura Stage —abierto en verano de 2024— y el desarrollo urbanístico Shibuya Stream. Estos últimos han dado nueva vida al pequeño arroyo que discurría por el barrio, cuando la línea de tren Toyoko de la compañía Tokyu se reubicó bajo tierra y quedó todo este espacio libre, anteriormente ocupado por las vías de tren (que en algún caso aún se pueden ver).

Si además quieres ver otros lugares de interés en el barrio especial de Shibuya, te recomendamos Ebisu, el barrio de la cerveza o Daikanyama. Como ambos lugares tienen suficientes atractivos para merecer una escapada aparte, te los incluimos más adelante en la sección de «Tokio diferente».

Escanea el código para obtener más información sobre Shibuya.

Harajuku

Una de las mecas de las subculturas y las modas callejeras juveniles es Harajuku, cuyo eje se encuentra en Takeshita-dori, una estrecha calle peatonal a reventar de gente, llena de tiendas y puestos de comida callejera según la moda del momento (desde crepes a palomitas de sabores o incluso brochetas de fresas caramelizadas o *mochi*).

Pasea por las callejuelas perpendiculares y cercanas a la calle Takeshita para adentrarte en Ura-Harajuku, la «Harajuku de atrás». Aquí encontrarás cafeterías con encanto, restaurantes con un estilo muy personal y tiendas de moda independiente.

Otra opción es tomar la avenida Omotesando, una de las principales arterias de la ciudad. Si te gusta la arquitectura, fíjate en todos los edificios y centros comerciales, firmados por grandes nombres de la arquitectura tanto japonesa como internacional. Además, detrás de la avenida Omotesando, en un callejón con mucho encanto, hay un popular restaurante especializado en *gyoza*, ideal para hacer una parada entre tanto turismo.

En un extremo de la avenida Omotesando se encuentra el santuario Meiji. Rodeado de frondosos árboles se te olvidará que estás en el corazón de Tokio mientras paseas por sus caminos de acceso. El santuario se completó en 1921 y está dedicado al emperador Meiji y su esposa, la emperatriz Shoken, como agradecimiento por su labor durante la apertura de Japón a finales del siglo XIX.

Al lado, verás el fantástico parque Yoyogi, un auténtico pulmón verde donde puedes pasear, ver gente pasar, jugar o hacer un pícnic y, enfrente, verás el Gimnasio Nacional de Yoyogi, una maravillosa obra de Kenzo Tange para los JJOO de Tokio de 1964.

Desde Omotesando puedes llegar paseando hasta Aoyama y ver alguna tienda más de lujo con arquitectura singular, aunque uno de sus principales atractivos es su cementerio, donde se encuentra la tumba de Hachiko, el perro fiel cuya estatua se encuentra en Shibuya. Si estás por esta zona de Aoyama podrás llegar fácilmente hasta Roppongi.

Escanea el código para obtener más información sobre Harajuku.

Asakusa

Este *shitamachi* (literalmente, «ciudad baja») es uno de los barrios más tradicionales de Tokio, en el que puedes sentirte, a veces, como en el Japón de antaño.

El centro neurálgico de Asakusa es el complejo del templo Sensoji, el más antiguo de Tokio (aunque lo que ves hoy en día sea una reconstrucción). Cruza la puerta Kaminarimon o puerta de los truenos y pasea por Nakamise-dori, una calle comercial llena de puestos de artesanía, recuerdos, dulces, etc. Tras ella, cruza la puerta Hozomon para adentrarte en el complejo interior del templo Sensoji, con la pagoda de cinco pisos a la izquierda y el salón principal enfrente. Haz una ofrenda de incienso y

> El centro neurálgico de Asakusa es el complejo del templo Sensoji, el más antiguo de Tokio. De día, el templo está siempre a rebosar de turistas. Pero de noche, la cosa cambia. La iluminación del lugar y la falta de gente añaden cierto misticismo a la zona.

KAPPABASHI, TODO EN MENAJE

Otra opción por la zona es perderse entre las tiendas de la calle Kappabashi, una avenida de casi un kilómetro llena de tiendas de menaje y productos para restaurantes y tiendas que venden tanto al por mayor como al por menor. Si quieres comprar unas cortinas *noren*, unos farolillos tradicionales, cuchillos de cocina japoneses, palillos, cuencos o máquinas de *takoyaki* y *taiyaki*, por poner sólo unos ejemplos, éste es tu lugar.

purifícate antes de visitar el templo y, al salir, lee tu fortuna adquiriendo uno de los papeles de la suerte *omikuji*.

De día, el templo está siempre a rebosar de turistas. Pero de noche, la cosa cambia. Es cierto que todas las tiendas del complejo están cerradas, pero la iluminación del lugar y la falta de gente añaden cierto misticismo a la zona. Por ello, también te recomendamos visitarlo de noche.

Tras salir del templo Sensoji puedes pasear por las múltiples calles comerciales techadas de Asakusa, llenas de tiendas y espacios comerciales. Puedes aprender más de artes escénicas tradicionales como la percusión con *taiko* o el teatro *rakugo*. O subir al mirador gratuito del Centro de Información Turística de Asakusa, un precioso edificio en cristal y madera diseñado por Kengo Kuma en 2012. Desde aquí se tienen preciosas vistas del complejo del templo Sensoji, por un lado, y la torre Tokyo Skytree por el otro.

Si quieres disfrutar al máximo del ambiente retro de Asakusa, te animamos a entrar en Hanayashiki, un parque de atracciones clásico, icon más de 150 años de historia! A pesar del paso del tiempo, el pequeño parque sigue anclado en el pasado, con atracciones de toda la vida y cierto aire nostálgico.

TOKYO SKYTREE Y EL DESARROLLO DE OSHIAGE

Al otro lado del río Sumida se alza imponente la torre Tokyo Skytree, la torre de comunicaciones más alta del mundo con sus 634 metros. Inaugurada en mayo de 2012, dispone de dos miradores que ofrecen vistas espectaculares de la ciudad, así como Solamachi, un enorme complejo comercial y de ocio a su alrededor, con centenares de tiendas y restaurantes y también un bonito paseo a lo largo del canal.

Asimismo, desde el muelle situado a los pies del puente Azuma puedes tomar un crucero fluvial por el río Sumida hasta los jardines Hama-Rikyu (en la zona de Shinbashi y Shiodome) o hasta la isla artificial de Odaiba. Si vas en primavera, pasea por el parque Sumida y disfruta de los cerezos en flor que hay en las márgenes del río.

Al otro lado del puente Azuma verás un edificio singular: el Asahi Beer Hall, sede de la cervecera Asahi. Con forma de jarra de cerveza (espuma en lo más alto incluida), está acompañada de otro edificio peculiar, la Flamme D'Or o llama de oro, obra del diseñador industrial Philippe Starck, que atrae la atención de propios y extraños y que los tokiotas llaman de una forma un tanto escatológica.

Escanea el código para obtener más información sobre Asakusa.

Akihabara

La antigua meca de la electrónica es hoy uno de los centros de la cultura *otaku* del país. Es por ello que, en la actualidad, en Akihabara (o Akiba, como la apodan cariñosamente todos) te encontrarás tiendas de electrónica y *duty free* junto a salones de máquinas recreativas, videojuegos y *retrogaming*, locales especializados en *manga* y *anime*, figuras y *hobby* y cafeterías de sirvientas.

Hay mucho que ver, hacer y comprar en Akihabara, pero aunque tengas tentaciones, no vayas a primera hora de la mañana o te decepcionará. En Akiba las tiendas abren tarde, por lo que no llegues antes de las 11:00 o las 12:00 del mediodía. Y si puedes, visítala al atardecer, cuando los neones la transforman por completo.

Busca desde cámaras de fotos a cocederas de arroz o retretes *washlet* en Laox, Ishimaru, Sofmap, Yamada Denki, Akki o Yodobashi Camera, todos ellos enormes centros comerciales dedicados a la electrónica y los electrodomésticos. Aunque también puedes encontrar relojes, cosmética, recuerdos... y todo tipo de objetos. Si necesitas una maleta extra para guardar todas las compras que has ido acumulando durante tu viaje, es un lugar ideal.

Si te va el *manga* y el *anime* y buscas figuras o maquetas, en Akihabara encontrarás de todo. Piérdete entre los pasillos del complejo Radio Kaikan, en las ocho plantas de Mandarake o en las tiendas de Sofmap, Animate o Tamashii Nations. Y si te gusta el mundo de las recreativas y los videojuegos retro, no dejes de entrar en Super Potato.

Paseando por las calles del barrio verás a muchas chicas vestidas de sirvientas anunciando los populares *maid cafes* o «cafeterías de sirvientas». Hay muchas cadenas y todas funcionan de manera parecida —una de las más famosas es Maidreamin—, así que si te interesa probar la experiencia, simplemente entra y déjate llevar. Las chicas te servirán platos *kawaii* y te harán hacer alguna gesticulación como parte del servicio.

Un ambiente bien diferente se respira en los alrededores del santuario Kanda Myojin, ya en el cercano barrio de Kanda. Eso sí, a pesar de ser un santuario sintoísta, también tiene una fuerte conexión con el mundo del *manganime*, puesto que apareció en la serie *Love Live!* Al estar situado cerca de Akihabara, son muchos los fans que se acercan hasta aquí y plasman a sus personajes favoritos en las tablillas *ema* (con las que pedir favores a las deidades). Además, en el santuario se venden

AKIHABARA PEATONAL

Los domingos al mediodía, concretamente de 13:00 a 18:00 horas (hasta las 17:00 los meses de invierno), la calle principal de Akihabara se cierra al tráfico y es peatonal. Es una ocasión fantástica para disfrutar del ambiente del barrio desde otra perspectiva.

amuletos para proteger dispositivos electrónicos... ¡Se nota su proximidad con el centro de Akihabara!

Finalmente, al norte de Akihabara se encuentra 2K540 Aki Oka Artisan, un complejo de talleres y tiendas de artesanía situado bajo las vías del tren que llevan hacia Okachimachi y Ueno. Aquí encontrarás desde zapatos hechos a mano a joyas especiales, muebles de madera y artículos de decoración o cafeterías de especialidad. Desde aquí, puedes seguir andando por la zona comercial de Okachimachi hasta el mercadillo de Ameyoko y el barrio de Ueno.

Escanea el código para obtener más información sobre Akihabara.

Ueno

El centro neurálgico del barrio es el gran parque de Ueno, un parque público muy popular entre los tokiotas por sus amplios espacios verdes, templos y santuarios, estanques y fuentes, caminos de paseo, cafeterías en las que relajarse y multitud de museos. En primavera, además, es uno de los lugares más populares para disfrutar del *hanami*, las fiestas para observar los cerezos en flor.

El parque fue donado por el emperador Taisho a la ciudad en 1924, aunque anteriormente toda la zona había quedado completamente destruida en la guerra Boshin (1868-1869), entre las fuerzas de la alianza de los dominios de Satsuma y Choshu —quienes apoyaban al nuevo gobierno imperial Meiji— y los *shogitai* —soldados leales al *shogunato* Tokugawa—.

Es por ello que en una de las entradas principales al parque verás dos lápidas erigidas en recuerdo de los *shogitai* que murieron en la batalla de Ueno el 15 de mayo de 1868 y una estatua de Takamori Saigo, samurái del clan Satsuma que inspiró el personaje de Ken Watanabe en *El último samurái*.

El parque se encuentra en los terrenos del antiguo templo Kaneiji, uno de los mayores de la ciudad durante el periodo Edo. Uno de los edificios originales del complejo del templo que sobrevivieron a la batalla de Ueno es el templo Kiyomizu Kannondo. Tal y como su nombre indica, el templo se inspiró en la arquitectura del balcón de madera del templo Kiyomizudera de Kioto, aunque es de tamaño mucho menor. Otro lugar de interés es el santuario Ueno Toshogu y la espectacular pagoda de cinco pisos, original de 1639.

Pero además de templos y santuarios también hay que destacar, sin duda, el estanque Shinobazu. En la isla central puedes visitar el salón Bentendo, una construcción octo-gonal dedicada a la diosa Benten y desde aquí observar los cormoranes y los lotos que cubren la superficie del estanque en verano o alquilar un barquito o pedal, algo muy román-tico especialmente en primavera.

Asimismo, el parque es popular entre los japoneses por su zoológico y por sus distintos museos entre los que destacan el Museo Nacional de Tokio, con una gran colección de tesoros na-

AMEYOKO, EL MERCADILLO MÁS POPULAR

Ameyoko es una calle comercial, paralela a las vías del tren, que conecta la zona de Okachimachi (al norte de Akihabara) con la zona de Ueno. En ella encontrarás cerca de dos centenares de tiendas de alimentación, ropa y complementos, objetos de segunda mano, tiendas de dulces y varios puestos de comida callejera.

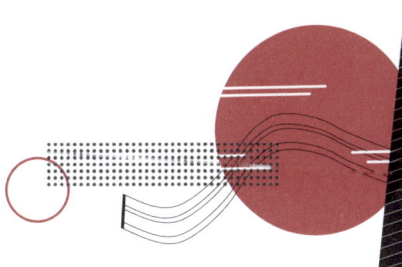

En una de las entradas principales al parque de Ueno hay dos lápidas erigidas en recuerdo de los 'shogitai' que mu-rieron en la batalla de Ueno y una estatua de Takamori Saigo, samu-rái del clan Satsuma que inspiró el personaje de Ken Watanabe en 'El último samurái'.

cionales, el Museo Nacional de Arte Occidental, diseñado por Le Corbusier (y Patrimonio de la Humanidad por su arquitectura), o el Museo Nacio-nal de Ciencia e Historia Natural, por poner tan sólo tres ejemplos.

Al oeste del parque, puedes vistar el campus Hongo de la Universidad de Tokio, cuya avenida central está es-pectacular en otoño, con decenas de árboles ginkgo que tiñen sus hojas de amarillo a finales de noviembre de ca-mino hacia el auditorio Yasuda, una de sus imágenes más icónicas. También en el campus tienes la Akamon, una de las dos únicas puertas que quedan en Tokio de lo que fueron residencias de señores feudales o *daimyo* en el periodo Edo. Y si te gusta la arquitectura moderna, no te pierdas el impresionante Centro Daiwa de Investigación Informática, obra de Kengo Kuma.

Escanea el código para obtener más información sobre Ueno.

Ginza

Ginza es uno de los barrios más exclusivos de Tokio, el lugar ideal para ir de compras o, al menos, ver los fantásticos escaparates de las tiendas principales o *flagships* de grandes marcas de lujo, situadas en edificios diseñados por arquitectos y firmas de arquitectura de renombre. Dior, Gucci, Armani, Hermès, Louis Vuitton, Chanel, Tiffany's, Cartier, Prada, Mikimoto o De Beers todas tienen luminosas y estilosas tiendas en Ginza.

Si puedes, aprovecha y visita Ginza un domingo, cuando las calles principales son peatonales. Es el momento ideal para dar un bonito paseo y ver Ginza desde otra perspectiva. Fíjate, por ejemplo, en el fantástico centro comercial Tokyu Plaza Ginza, cuya fachada se inspira en la artesanía tradicional de vidrio Edo Kiriko. Entra en Ginza Six, cuyo diseño se alimenta de aspectos de la arquitectura tradicional mezclados con técnicas contemporáneas (y que en su interior incluye el teatro Kanze No). Baja a las plantas subterráneas de Matsuya para disfrutar de decenas de tiendas de dulces y comidas tradicionales e imagina cómo era la Ginza del pasado frente al Wako Clock Tower, el «edificio del reloj» situado en una de las intersecciones principales de Ginza, que data de 1931.

Además de arquitectura y marcas exclusivas, Ginza es también el paraíso de los amantes de la papelería porque aquí se encuentra la tienda Itoya... ¡de nueve plantas! No hace falta decir que en ella encontrarás todo lo que puedas imaginar y más. Es un destino turístico en sí mismo.

Por otra parte, en Ginza encontrarás muchas cafeterías y pastelerías tradicionales, algunas clásicas, como Toraya, que lleva haciendo dulces tradicionales desde el siglo XVI. Pero también las hay que, a comienzos del siglo XX, fueron pioneras en modernizar la confitería y la gastronomía japonesas. Un ejemplo es la pastelería tradicional Kimuraya, que inventó los *anpan* o bollos rellenos de judía roja. Otra, la tienda Choshiya, que en 1927 creó la primera croqueta de estilo japonés.

Si te van las artes tradicionales, además del teatro *no* del centro comercial Ginza Six, en Ginza también puedes acercarte al teatro Kabuki-za, el principal teatro en Tokio para representaciones de teatro *kabuki*. El edificio en sí es muy bonito, de arquitectura tradicional y rodeado de grandes rascacielos, pero lo mejor es acudir a alguna representación de teatro *kabuki*, que junto con el teatro *no* y el teatro de marionetas *bunraku* fue declarado Patrimonio Cultural Inmaterial de la Humanidad.

Escanea el código para obtener más información sobre Ginza.

Estación de Tokio

La estación de Tokio es el centro neurálgico de transporte ferroviario de Tokio, pero el propio edificio es una belleza que merece la pena visitar. Construida originalmente en 1914 y restaurada en 2014, hoy es un precioso ejemplo de la arquitectura típica de comienzos del siglo XX, en la que se mezclan elementos occidentales con decoraciones típicamente japonesas.

El complejo de la estación de Tokio es un auténtico laberinto, con decenas de opciones de ocio y restauración, así como un hotel de lujo y mucho más. Por ejemplo, puedes comprar *merchandising* de personajes de *anime* o programas de televisión en Tokyo Character Street o tomar un delicioso *ramen* en los varios restaurantes que hay en Tokyo Ramen Street. Ambas zonas temáticas se encuentran en los bajos de la estación, junto con muchos otros pasillos repletos de tiendas, pastelerías, restaurantes, cafeterías y más.

Alrededor de la estación de Tokio hay muchísimos lugares por los que pasear y descubrir una Tokio sorprendente, por la mezcla de ambientes.

Por ejemplo, puedes pasear por Yurakucho y Marunouchi para ver increíbles rascacielos cerca de pequeños bares bajo las vías del tren, maravillarte ante la arquitectura singular del Tokyo International Forum —obra del arquitecto uruguayo Rafael Viñoly— o hasta cruzar el histórico puente Nihonbashi, el kilómetro cero de Japón desde el siglo XVII.

Uno de los puntos destacados de la zona es el Palacio Imperial de Tokio, residencia oficial de la familia imperial. El palacio está situado en el lugar donde en el pasado se alzaba el antiguo castillo de Edo, residencia de los *shogun* del clan Tokugawa. Acércate hasta la gran explanada Koyo Gaien, desde la que puedes observar los dos puentes que conforman la entrada a los terrenos interiores del palacio: los puentes Nijubashi.

El acceso a los terrenos interiores del palacio está restringido, eso sí. De hecho, sólo en dos ocasiones —el 2 de enero y el cumpleaños del emperador— se puede entrar un poco para ver saludar a los emperadores. También puedes ver algo del interior únicamente a través de una visita guiada, que en ningún caso te permite el acceso al interior de ninguno de los edificios de palacio (sólo se ven por fuera). Sí puedes acceder de forma libre a los Jardines Orientales del Palacio Imperial (Kokyo Higashi Gyoen). Ocupan el espacio que antaño ocupaban el primer y segundo círculo de defensa del castillo de Edo. Es por ello que, todavía hoy, se conservan algunas torres, muros y fosos.

Si vas en primavera te recomendamos llegar hasta el cercano foso Chidorigafuchi, uno de los mejores lugares para disfrutar de los cerezos en flor en Tokio. Y, desde allí, puedes adentrarte en el santuario Yasukuni, un enclave muy polémico porque es el lugar donde se honra a los caídos por Japón en sus guerras y que siempre genera grandes tensiones entre Japón y sus vecinos China y Corea del Sur, porque entre los espíritus incluidos en el santuario se encuentran los criminales de guerra de clase A de la Segunda Guerra Mundial, responsables de crímenes contra la paz.

Escanea el código para obtener más información sobre la estación de Tokio.

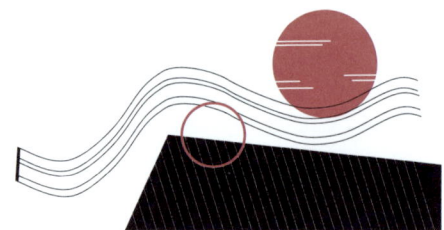

NIHONBASHI, EL KILÓMETRO CERO

Cerca de la estación de Tokio y el barrio de Ginza, Nihonbashi es el distrito financiero y de negocios de Tokio. Desde el puente Nihonbashi (literalmente, «el puente de Japón») partían en el periodo Edo las cinco rutas que conectaban Edo (la actual Tokio) con otras regiones del país, razón por la cual ya desde 1604 se convirtió en el kilómetro cero de Japón. Gracias a ello, el distrito fue un importante centro económico y comercial de la antigua Edo y hoy hay muchos recuerdos de esa época con grandes almacenes como Mitsukoshi (cuyo origen es una tienda de kimonos del periodo Edo), Takashimaya y un montón de tiendas más, así como la sede central del Banco de Japón, un precioso edificio de 1896, la Bolsa de Tokio o el Museo de la Moneda del Banco de Japón, por ejemplo. Aquí también estará el edificio más alto de Japón —390 metros—, la torre Torch, que se inaugurará en 2027. Con los nuevos desarrollos y el soterramiento de la autopista que cubre el canal de Nihonbashi, la fisonomía del barrio cambiará por completo en unos años.

Roppongi

Roppongi es uno de los centros de ocio nocturno de la ciudad y, en la actualidad, también uno de los mayores centros de arte contemporáneo de Tokio con lugares tan icónicos como el Centro Nacional de Arte de Tokio o el Museo de Arte Mori, por ejemplo.

El centro neurálgico de Roppongi es Roppongi Hills, un complejo comercial, residencial y de entretenimiento inaugurado en 2003. Además de acudir al cine o ir de tiendas y restaurantes, puedes pasear por el jardín Mori, un precioso jardín tradicional japonés o subir al mirador de la torre Mori, llamado Tokyo City View, desde el que se tienen vistas espectaculares de la ciudad.

Se trata de un mirador interior y acristalado situado a 250 metros de altura que es uno de los mejores lugares en los que alucinar con la inmensidad de Tokio. Puedes ir al atardecer, para ver cómo la ciudad se ilumina a tus pies y, si tienes suerte, ver el imponente monte Fuji a lo lejos. Desgraciadamente, el espectacular mirador al aire libre Sky Deck cerró en abril de 2024 por cambios en la política operativa, quedando sólo el mirador acristalado de la planta 52.

Al lado del mirador se encuentra The Mori Arts Center Gallery, una sala de exposiciones en las que disfrutar de exposiciones temporales de arte, cine, *manga* y *anime*, moda, diseño... ¡y con fantásticas vistas! Una planta más arriba, también en la torre Mori, puedes visitar el Museo de Arte Mori, dedicado al arte contemporáneo. Como curiosidad, es el museo situado a mayor altura de todo Japón.

Si te gusta el arte, acércate hasta el precioso edificio del Centro Nacional de Arte de Tokio, obra del famoso arquitecto Kisho Kurokawa y que apareció en la película de animación *Your Name*. La forma sinuosa de su

AKASAKA, UN OASIS DE LUJO

Entre Roppongi y el centro gubernamental de Nagatacho se encuentra Akasaka, un auténtico oasis de lujo en plena ciudad. Además de hoteles de cinco estrellas, restaurantes de estrella Michelin y embajadas de todo el mundo, en Akasaka puedes visitar el santuario Hie, que situado entre rascacielos organiza uno de los festivales más populares de Tokio, así como el Palacio de Akasaka o Casa de Invitados del Estado, de estilo neobarroco europeo. También puedes ir de compras por los cercanos complejos de Akasaka Sacas, ARK Hills o Toranomon Hills.

fachada acristalada y el interior de hormigón con espacios que parecen flotar en el ambiente te sorprenderá.

Otro lugar que no debes perderte es la calle Keyakizaka, llena de cafeterías, restaurantes y tiendas de lujo, que ofrece vistas maravillosas con la torre de Tokio al fondo. En primavera está preciosa con los cerezos en flor, pero es en invierno cuando se vuelve extremadamente popular, cuando los árboles que flanquean la calle se llenan de luces que se encienden al caer la tarde y que atraen a muchísimos japoneses y turistas para hacer fotos.

Finalmente, puedes acercarte también a Tokyo Midtown, otro complejo comercial y de entreteni-miento lleno de espacios para todos. Puedes hacer un pícnic en el parque y disfrutar de los cerezos en primavera, probar su pista de patinaje sobre hielo en invierno o deleitarte con las vistas desde alguno de sus restaurantes. Y si aún quieres más arte, en el propio complejo comercial se encuentra el Museo de Arte Suntory.

Escanea el código para obtener más información sobre Roppongi.

AZABUDAI HILLS, UN NUEVO DESARROLLO

Entre 2023 y 2024 se inauguró un nuevo desarrollo comercial, residencial y de entretenimiento cerca de Roppongi: Azabudai Hills.

Además de espacios para oficinas y residencias de lujo, aquí encontrarás un hotel (también de lujo) y decenas de tiendas, restaurantes y cafeterías, además de la nueva sede de teamLab Borderless, uno de los museos digitales más populares del mundo.

Torre de Tokio

Al sureste de Roppongi y Azabudai Hills se alza, entre templos, pequeños edificios y grandes rascacielos, la Tokyo Tower o torre de Tokio, auténtico símbolo de la ciudad. De hecho, su imagen es tan característica que hasta la encuentras como *emoji* en tu teléfono móvil.

La antigua torre de comunicaciones se construyó en 1958 para cubrir las retransmisiones de la cadena pública NHK y, posteriormente, de las emisoras de radio. Su diseño se inspiró en la conocida torre Eiffel de París, aunque en este caso la torre de Tokio es de color blanco y rojo. La torre fue sustituida en 2012 como torre de comunicaciones por la torre Skytree, pero ha seguido manteniéndose como uno de los mayores atractivos turísticos de Tokio, especialmente gracias a sus miradores situados a 150 y 250 metros, y eso a pesar de que hay miradores muchísimo más altos en la capital. Asimismo, en los últimos años, subir los 600 escalones exteriores desde la base de la torre hasta el primer mirador se ha convertido en una actividad muy popular.

A los pies de la torre de Tokio se extiende el templo Zojoji y el parque Shiba, precioso en primavera con los cerezos en flor. El templo Zojoji es un precioso templo budista que, a comienzos del periodo Edo, se convirtió en el templo familiar de los Tokugawa, el clan gobernante en el Japón de entonces. De hecho, en el complejo están enterrados seis de los 15 *shogun* Tokugawa. Desde el templo se disfruta de una maravillosa vista que combina esa «tradición y modernidad» tan manida a veces, con el salón del templo en primer plano y la torre de Tokio justo detrás.

Cerca de la torre de Tokio se encuentra también el santuario Atago, conocido por sus «escaleras del éxito». Éste es, junto con el santuario Meiji y el santuario Hie, uno de los tres grandes santuarios de Tokio, por lo que merece la pena visitarlo. Para acceder al santuario hay que subir un tramo de empinadas escaleras que representan el éxito en la vida. ¡Así que si quieres tener éxito, isúbelas y visita el santuario!

Al otro lado de la estación de Hamamatsucho, a unos 20 minutos andando desde la torre de Tokio, puedes pasear por los pequeños jardines Kyu-Shiba-Rikyu, de estilo tradicional. O tomar un crucero por la bahía de Tokio desde el muelle Hinode. Si en tu viaje quieres explorar las islas de Tokio, como por ejemplo Oshima, puedes tomar un ferri desde el cercano muelle de Takeshiba.

Escanea el código para obtener más información sobre la Torre de Tokio.

Shinbashi y Shiodome

Al sur de la estación de Tokio y a diez minutos andando desde Ginza, se alzan los rascacielos de Shinbashi y Shiodome, dos zonas muy frecuentadas por los trajeados oficinistas japoneses. Curiosamente, pese a su proximidad, son zonas muy diferentes entre sí. Mientras que Shinbashi tiene cierto aire retro, con bares y tabernas de toda la vida, Shiodome es moderna y elegante, con grandes rascacielos de cristal.

Shinbashi tiene una estación de JR de importancia histórica, porque el primer ferrocarril de Japón partió de esta estación en dirección a Yokohama en 1872. Hoy hay un pequeño museo donde antaño estuvo la antigua estación, muy cerca de la estación actual. En la plaza exterior de la estación actual, además, hay expuesta una locomotora histórica que, en fechas navideñas, se convierte en el *Space Train* e incluye un espectáculo de luces y sonido.

Entre rascacielos, hoteles y oficinas, también encontrarás muchísimos centros comerciales y opciones de ocio, desde bares y restaurantes, algunos situados bajo las vías del tren, a museos y planetarios, por ejemplo, así como bonitas vistas de la bahía de Tokio desde las alturas. Tómate una cerveza en alguna *izakaya* o taberna japonesa bajo las vías del tren, alucina con la vista de la línea Yurikamome, que pasa entre los rascacielos y observa el precioso reloj diseñado por Hayao Miyazaki (de Studio Ghibli).

Entre la estación de Shinbashi y el río Sumida se encuentra el antiguo mercado de Tsukiji. Si bien el edificio del mercado fue derruido en 2018 y el mercado trasladado a Toyosu, en la zona exterior del antiguo mercado todavía quedan muchos restaurantes de sushi y tiendas especializadas en cuchillos, alga *nori* o copos de bonito seco *katsuobushi*, por ejemplo.

Es el lugar ideal para comer buen sushi, tomar un *kaisendon* (un cuenco de arroz con *sashimi* por encima), probar la clásica tortilla *tamagoyaki* o degustar un rico *onigiri* casero. También es perfecto para comprar farolillos, cuchillos, algas y todo tipo de productos de la gastronomía japonesa tradicional.

Además, en un extremo de Tsukiji puedes visitar el santuario Namiyoke, muy relacionado con la seguridad en el mar y, por lo tanto, muy estimado por pescadores y trabajadores del antiguo mercado. Además, como curiosidad, tiene varios monumentos en honor a productos frescos, como la estatua de un huevo, por ejemplo, en agradecimiento a todos los huevos consumidos para preparar tortilla *tamagoyaki*.

Muy cerca de Tsukiji, entre los rascacielos de Shinbashi y Shiodome, se esconde el maravilloso jardín Hama-Rikyu, un jardín tradicional japonés con un estanque

TOYOSU, EL NUEVO MERCADO DE TOKIO

Tras 80 años de servicio, en octubre de 2018 el mercado mayorista de Tsukiji cerró sus puertas y su actividad se trasladó a Toyosu, un nuevo enclave con el que los trabajadores han ganado en espacio, comodidad y seguridad. Aunque para los visitantes haya perdido gran parte del encanto original del mercado de Tsukiji.

Esto es así porque, al contrario de lo que sucedía en Tsukiji, la entrada al mercado de Toyosu está restringida a vendedores y compradores. En él ya no puedes pasear por los callejones, entre vendedores y carretillas de transporte, sino que sólo puedes observar la acción desde unos pasillos acristalados en el piso superior.

De todas formas, el mercado dispone de varias zonas de restaurantes y una zona de tiendas, además de una bonita azotea y un paseo marítimo con preciosas vistas a la bahía de Tokio. Y, muy cerca, tienes el segundo museo de arte digital de Tokio: teamLab Planets.

de agua salada que entra directamente desde la bahía de Tokio y cuyo nivel cambia con las mareas.

En medio del estanque, conectado con el resto del jardín por un puente tradicional de madera, verás una preciosa casa de té, construida originalmente en 1704, en la que puedes disfrutar de preciosas vistas del jardín y los rascacielos de la zona mientras tomas un té verde y un dulce tradicional.

Escanea el código para obtener más información sobre Shinbashi y Shiodome.

Shinbashi tiene una estación de JR de importancia histórica, porque el primer ferrocarril de Japón partió de esta estación en dirección a Yokohama en 1872

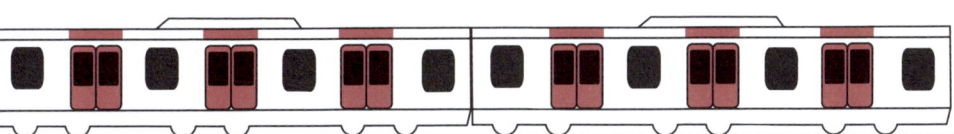

Odaiba

Odaiba es una isla artificial construida originalmente en 1853, justo tras la llegada del comodoro Perry a Japón, como una de las seis fortalezas defensivas ante posibles ataques navales que entrasen por la entonces bahía de Edo. De hecho, la palabra japonesa *daiba* significa «lugar para una batería de artillería». No obstante, ninguna de las baterías montadas en esta zona llegó a usarse jamás.

Sin embargo, a finales del siglo XX toda esa zona ganada al mar se convirtió en un nuevo desarrollo comercial y residencial de Tokio y hoy es uno de los centros de ocio y entretenimiento preferidos por los tokiotas y turistas. Aunque si lo deseas, aún puedes «viajar al pasado» y ver cómo era la Odaiba de entonces visitando el parque Daiba, lugar en el que se encuentra la batería de defensa nº 3.

En el parque costero Odaiba Marine Park verás la curiosa Estatua de la Libertad de Odaiba. Se trata de una réplica de la estatua que hay en el río Sena de París y no una réplica de la famosa estatua de Nueva York.

La mejor manera de llegar a Odaiba es cruzando el puente Rainbow Bridge, que también es uno de los mayores atractivos turísticos de la zona. Se trata de un puente suspendido que conecta Odaiba con Shibaura (entre Shinagawa y Hamamatsucho) y que puedes cruzar andando, en coche o en la línea Yurikamome desde Shinbashi y Shiodome. El puente se ilumina por la noche, por lo que te recomendamos que pasees por los caminos del Odaiba Marine Park o veas el atardecer desde la playa de Odaiba y disfrutes de las vistas.

Justamente en el parque costero Odaiba Marine Park verás la curiosa Estatua de la Libertad de Odaiba. Se trata de una réplica de la estatua que hay en el río Sena de París (y no una réplica de la famosa estatua de Nueva York). Las vistas de la estatua con el puente Rainbow Bridge y la torre de Tokio al fondo son, sin duda alguna, espectaculares.

Además de por los paseos y las vistas, Odaiba es famosa por sus centros comerciales, llenos de tiendas, restaurantes y cafeterías, así como salas de juegos. En Aqua City puedes disfrutar de maravillosas vistas mientras te tomas unas hamburguesas de estilo hawaiiano o un *ramen* en Ramen Kokugikan Mai, una zona exclusivamente dedicada a restaurantes de este popular plato.

Otro de los centros comerciales más populares es DiverCity porque, en su exterior, se alza imponente un RX-0 Unicorn Gundam, una impresionante estatua de 19,7 metros de alto que no deja a nadie indiferente. Asimismo, en el centro comercial Decks puedes pasar el día en Tokyo Joypolis, una especie de parque temático de SEGA o en Legoland Discovery Center, si viajas con niños (los adultos en solitario no pueden entrar).

Cerca verás la curiosa arquitectura de la sede de la cadena de televisión Fuji TV. Obra del famoso arquitecto japonés Kenzo Tange, es especialmente reconocible por su Hachitama, el mirador circular que casi parece suspendido en el aire. Desde aquí se tienen vistas preciosas de la bahía de Tokio, aunque no sea especialmente alto.

Asimismo, al sur de Odaiba se encuentra el Museo Nacional de Ciencia Emergente e Innovación, comúnmente apodado Miraikan o «museo del futuro». Es un fantástico museo que te permite experimentar más sobre el mundo de la robótica, el cerebro humano, el espacio… una auténtica maravilla. Además, al salir puedes pasear por el parque Shiokaze para seguir disfrutando de las fantásticas vistas de la bahía de Tokio.

 Escanea el código para obtener más información sobre Odaiba.

Ikebukuro

Ikebukuro es uno de los barrios más vibrantes de Tokio. Gracias a sus grandes almacenes y calles peatonales, ofrece una curiosa mezcla de cultura pop, ocio y restauración.

Sunshine City quizás sea el alma del barrio. Se trata de un enorme complejo lleno de tiendas, cafeterías y restaurantes, en el que también encontrarás un precioso mirador, un acuario, un planetario y un pequeño parque temático de Namco, con toda una zona de restaurantes dedicados al mundo de las empanadillas *gyoza*, además del exclusivo Pikachu Sweets by Pokémon Cafe, ideal para los amantes de los pokémon.

Si te gusta el mundo del *manga* y el *anime*, Ikebukuro es un buen destino ya que aquí se encuentra la tienda principal de la cadena Animate. Con nueve plantas, es todo un paraíso *otaku*. Además, en la calle Otome Road hay muchas tiendas para chicas fans del *manga* (y especialmente del *manga* BL o *boy's love*), así como tiendas de *cosplay*, *idols* y *merchandising* de todo tipo.

Si aparte de comer en cafeterías *cool*, ir de compras o pasar el rato en un complejo de máquinas recreativas quieres algo más «cultural», puedes acercarte hasta Ikebukuro Bosaikan, el centro de prevención de desastres naturales del departamento de bomberos de Tokio. El centro, como su propio nombre indica, está dedicado a enseñar a los tokiotas cómo enfrentarse a desastres naturales y en él puedes experimentar cómo se siente un terremoto potente sin ponerte en peligro.

Al este de la estación de Ikebukuro se encuentra el barrio de Otsuka, con un ambiente retro y nostálgico que nada tiene que ver con el bullicio de Ikebukuro. Por él pasa, además, una de las dos únicas líneas de tranvía de Tokio: la antigua línea Toden Arakawa, hoy renombrada como Sakura Tram, «el tranvía de los cerezos». Esto es así porque el tranvía pasa por multitud de lugares repletos de cerezos, transformando el viaje en primavera en un auténtico espectáculo.

LA MECA DEL VISUAL KEI

Ikebukuro es la meca del *visual kei*, un movimiento artístico y musical originario de Japón que combina elementos del rock, el glam rock, el punk y el gótico con una estética llamativa y extravagante. En Ikebukuro encontrarás salas de conciertos, tiendas de moda y peluquerías especializadas en este movimiento.

SUGAMO, EL PARAÍSO DE LAS ABUELAS

Sugamo, apodado comúnmente «el Harajuku de las abuelas», es un barrio lleno de tiendas y actividades orientadas a personas mayores. En él encontrarás tiendas de ropa interior de color rojo (que se dice que trae buena suerte), confiterías tradicionales especializadas en *shio-daifuku* y un ambiente relajado alrededor del templo Koganji, famoso por su estatua de Jizo que, al lavarla, supuestamente alivia los dolores.

Muy cerca de Sugamo se encuentran también los preciosos jardines Rikugien, unos jardines tradicionales de paseo que están especialmente bonitos en otoño, cuando los árboles cambian el color de sus hojas y que tiene iluminaciones nocturnas en esa época.

Pasea por los callejones peatonales cercanos a la estación, llenos de restaurantes, *izakaya* y confiterías clásicas que te transportarán al Japón de la década de 1960. Compra un *dorayaki* o un *monaka*, un dulce tradicional típico de la zona, ambos hechos a manos, o tómate un delicioso *tantanmen* en Nakiryu, un popular restaurante de *ramen* (Bib Gourmand por la guía Michelin) y explora cada recoveco del barrio, te encantará.

Descubrirás pequeños santuarios locales y grandes complejos como el del templo Gokokuji, construido en 1681 y que sobrevivió tanto al Gran Terremoto de Kanto de 1923 como a los bombardeos de la Segunda Guerra Mundial que destruyeron gran parte de la ciudad de Tokio, ¡una auténtica joya por descubrir! O la maravillosa Catedral de Santa María de Tokio, una espectacular obra de Kenzo Tange, sede de la archidiócesis de Tokio.

Si te gusta el *anime*, desde Ikebukuro puedes tomar un tren de la compañía Seibu para llegar al barrio de Nerima, meca de la animación japonesa. Bájate en la estación Oizumi-gakuen, decorada con imágenes del *anime* «Galaxy Express 999» y en cuyo exterior se encuentra la llamada Oizumi *Anime* Gate, una exposición al aire libre de estatuas de bronce a tamaño real de populares personajes de animación. Desde allí, puedes ver las sedes de famosos estudios de animación o visitar el Museo de Animación Toei.

Escanea el código para obtener más información sobre Ikebukuro.

Iidabashi

La estación de Iidabashi se encuentra justo al lado de lo que antaño fuera el foso exterior del antiguo castillo de Edo y en sus alrededores hay muchísimo que ver. Puedes comenzar tomando algo en Canal Cafe, un restaurante situado a orillas del antiguo foso, desde donde disfrutarás de las vistas (¡y de los cerezos en flor en primavera!) y podrás meditar sobre la rica historia del barrio —o sobre lo que quieras, realmente—.

Desde aquí, puedes explorar la zona de Kagurazaka, la mezcla perfecta entre el Japón de antaño y el Tokio más cosmopolita que mejor define el área de Iidabashi. Llena de callejones empedrados y estrechos, en los que a menudo sólo cabe una persona, Kagurazaka floreció durante el periodo Edo como lugar de entretenimiento para los samuráis y aquí surgieron posadas y casas de té en las que trabajaban las geishas. Hoy en día sigue siendo un activo barrio de geishas, con decenas de *ryotei* o restaurantes de alta cocina tradicional en el que estas artistas tradicionales entretienen a los clientes.

Además de pasear por las callejuelas de Kagurazaka, acércate hasta el famoso templo Zenkokuji, dedicado a Bishamonten, el dios de la guerra y uno de los siete dioses de la buena fortuna. Fíjate en las dos estatuas de tigres *komatora* que protegen la entrada al salón principal. Normalmente este tipo de estatuas tienen forma de perro-león asiático, pero en este templo tienen forma de tigre... ¡y con expresiones muy curiosas!

A pocos minutos de la estación se encuentran los jardines Koishikawa Korakuen, unos preciosos jardines tradicionales de paseo alrededor de un estanque central. Se construyeron a comienzo del periodo Edo como residencia en Tokio de la rama de la familia Tokugawa de Mito y hoy son uno de los dos jardines del periodo Edo

JIMBOCHO, LA CIUDAD DE LOS LIBROS

Al sur de la estación se encuentra el paraíso para los bibliófilos. Con más de 170 librerías, Jimbocho ofrece una increíble variedad de libros nuevos, usados, antiguos y raros. Si te gustan los libros y especialmente el ambiente de pequeñas librerías con encanto, con libros amontonados a veces sin ton ni son, ¡Jimbocho te encantará!

que todavía existen en Tokio. Los otros son los jardines Kyu-Shiba-Rikyu.

Los jardines se encuentran al lado del futurista Tokyo Dome, el estadio de béisbol de Tokio cuya cúpula aparece como «paisaje prestado» desde varios puntos de los jardines. Alrededor del estadio se alza Tokyo Dome City, un complejo de entretenimiento con tiendas y restaurantes, un parque de atracciones urbano, un maravilloso spa (LaQua) y un hotel diseñado por Kenzo Tange. Al lado, además, puedes subir al mirador gratuito del Bunkyo Civic Center, el centro cívico de este barrio especial y disfrutar de una preciosa vista de los rascacielos de Shinjuku y, si tienes suerte, del monte Fuji al fondo.

Si tomas el puente Iidabashi, que cruza el antiguo foso del castillo de Edo, llegarás al polémico santuario Yasukuni y al foso Chidorigafuchi, ya en los terrenos del Palacio Imperial de Tokio. Por el contrario, si vas hacia el norte, podrás explorar la zona de las mesetillas de Bunkyo.

Kagurazaka floreció durante el periodo Edo como lugar de entretenimiento para los samuráis y aquí surgieron posadas y casas de té en las que trabajaban las geishas

OCHANOMIZU, EL PARAÍSO MUSICAL

Al este de la estación, muy cerca ya de Akihabara, se encuentra Ochanomizu, un barrio conocido por la gran cantidad de tiendas especializadas en guitarras, violines, pianos y otros instrumentos musicales. Si necesitas comprar un instrumento o te gusta echar un vistazo a este tipo de tiendas, éste es tu lugar.

Escanea el código para obtener más información sobre Iidabashi.

Tokio
diferente

Casi todos los turistas que visitan Tokio por primera vez suelen ir a los lugares más típicos que tienes en el capítulo anterior. Sin embargo, si quieres que tu viaje a la capital japonesa sea realmente único, te recomendamos combinar esos lugares con otros algo menos conocidos, aunque no por ello menos populares. Eso sí, en muchos de ellos verás mucho japonés pero no tantísimo turista extranjero, ¡a no ser que se pongan a leer todos esta guía!

Yanesen

Aunque el turista suele pensar en Tokio como una ciudad tecnológica, existe un lugar con un ambiente mucho más relajado y tradicional: Yanesen. En realidad no es un único lugar, sino tres barrios conectados —Yanaka, Nezu y Sendagi, de los que se toma la primera sílaba de cada uno— que se encuentra al norte de Tokio, en un espacio delimitado aproximadamente por las estaciones de metro de Nezu y Sendagi y las de tren de JR de Nippori y Nishi-Nippori.

Yanesen es un viaje en el tiempo, un paseo por callejuelas estrechas flanqueadas por casas de madera que te transportarán a un Japón de época. Además, si buscas artesanía estás en el lugar perfecto, con artesanos que dan forma a piezas de madera, bambú, metal, piel o papel.

Sin embargo, el barrio no se limita a ser un escaparate de artesanía, ya que también tiene una rica oferta gastronómica, especialmente en la calle comercial Yanaka Ginza. En esta pequeña calle encontrarás puestos de comida callejera que te tentarán, mientras que las pastelerías y tiendas de sake complementarán la experiencia. Entre los tesoros culinarios de Yanesen se encuentran los *taiyaki*, gofres rellenos de pasta de judías rojas dulces, los *Mont Blanc* de castaña (que aparecen incluso en

NIPPORI Y LA CONFECCIÓN

En un extremo de Yanaka se encuentra Nippori, un paraíso para los amantes de la moda y la confección. Apodado «Nippori Fabric Town», la calle principal más cercana a la estación de JR Nippori está llena de tiendas de telas y mercerías de todo tipo. Es el lugar ideal al que ir a comprar si buscas telas de diseño japonés, cuero japonés y todo tipo de botones y abalorios.

1. Yanesen
2. Ningyocho
3. Ryogoku
4. Monzen-Nakacho
5. Ebisu
6. Daikanyama
7. Nakameguro
8. Jiyugaoka
9. Shimokitazawa
10. Shinagawa
11. Nakano
12. Koenji
13. Kichijoji
14. Shibamata
15. Senju

la serie *Kantaro: El empleado Goloso*), los donuts alargados con forma de gato (no en vano a Yanaka se le apoda «el barrio de los gatos»), etc.

Tampoco te puedes perder el cementerio de Yanaka, un remanso de serenidad en el bullicio de la ciudad y uno de los lugares más emblemáticos de Yanesen. En primavera, cuando los cerezos florecen, el cementerio se convierte en un mar de pétalos rosados. Además, si te gusta la historia, aquí se encuentra la tumba del último *shogun* del clan Tokugawa.

Si buscas paz y tranquilidad también la encuentras, ya que además del cementerio mencionado, Yanesen alberga numerosos templos y santuarios que invitan a la reflexión. Entre ellos, destaca el santuario Nezu, una joya oculta que cautiva con sus caminos de puertas *torii* de color bermellón, su estanque lleno de carpas y su exuberante vegetación.

Además del santuario, la zona de Nezu alberga el Museo Yayoi, que exhibe obras de artistas de los períodos Taisho y Showa, y la Iglesia de Nezu, una de las estructuras de estilo occidental más antiguas de Tokio.

Sendagi es el menos turístico de los tres barrios y ofrece una experiencia más íntima y relajada. Entre sus puntos de interés se encuentran la antigua residencia de Natsume Soseki, autor de la novela *Soy un gato*, y el taller Amezaiku Yoshihara, especializado en la elaboración de caramelos artesanales con forma de animales o plantas.

Escanea el código para obtener más información sobre Yanesen.

Ningyocho

El barrio de Ningyocho, ubicado al norte de la estación de Tokio, es un lugar con una rica historia y un encanto tradicional que ha perdurado a través de los siglos. El nombre —que significa «barrio de las muñecas»— viene de cuando la zona era un vibrante centro de entretenimiento famoso por sus teatros de marionetas y *kabuki* durante el periodo Edo. Titiriteros y artesanos de marionetas establecieron sus talleres aquí, dando lugar a su nombre.

Aunque hoy en día ya no hay teatros de *kabuki* y los teatros de marionetas fueron desapareciendo, el legado de Ningyocho aún se respira en sus calles. Hoy, el barrio conserva un ambiente nostálgico con sus tiendas de artesanía y pastelerías tradicionales que evocan tiempos pasados, restaurantes con encanto y una variedad de eventos especiales que mantienen viva la cultura local.

Uno de los vestigios más notables del pasado de Ningyocho son los dos impresionantes relojes mecánicos de marionetas de 8 metros de altura que adornan la calle principal, Ningyocho-dori. Estos relojes, instalados en 2009, ofrecen a los visitantes un encantador espectáculo de marionetas cada hora, recordando la historia del barrio. La calle central también

está repleta de tiendas y pastelerías tradicionales que te tentarán con una deliciosa variedad de dulces japoneses, como *senbei*, *taiyaki*, *manju* y el popular *ningyoyaki*, un pequeño bizcocho con forma de uno de los siete dioses de la buena fortuna.

Otra calle emblemática de NIngyocho es Amazake Yokocho, que significa «el callejón del *amazake*». Su nombre se debe a una tienda que, durante el periodo Meiji, se especializaba en *amazake*, una bebida dulce de sake sin alcohol. Aunque la tienda original ya no existe, la calle ha mantenido su nombre y durante el Año Nuevo se llena de puestos que sirven esta tradicional bebida, creando una atmósfera festiva.

En el barrio también destaca el santuario Suitengu, muy llamativo por su brillante color dorado y su ubicación elevada sobre una plataforma. El santuario es especialmente popular entre las mujeres embarazadas que buscan la bendición para un buen parto. También es un lugar

importante para la peregrinación de los siete dioses de la fortuna, una tradición del Año Nuevo en la que se visitan templos y santuarios dedicados a cada una de estas deidades.

Otro lugar curioso de Ningyocho es Okannonji, un pequeño templo que está medio escondido entre edificios. Está dedicado a Kannon, la deidad budista de la misericordia y es parte de la peregrinación de los 33 templos dedicados a Kannon de la antigua Edo. Lo llamativo es que, en la pequeña plazuela donde está el templo, hay también un pequeño altar dedicado a Jizo, el *bodhisattva* guardián de los niños y un diminuto santuario Inari. Sincretismo religioso a tope.

Escanea el código para obtener más información sobre Ningyocho.

Ryogoku

Depende de lo mucho que te interese el *sumo*, puede que no consideres Ryogoku como parte de ese «Tokio diferente» que tanto nos gusta. Pero hay que tener en cuenta que no siempre hay competiciones y, para ser sinceros, el *sumo* no suele ser la primera prioridad de los turistas, de ahí que lo incluyamos en esta sección.

El apodado «barrio del *sumo* de Tokio», se encuentra al este de Akihabara y Asakusabashi, al otro lado del río Sumida. Sin duda, y por su estrecha relación con este deporte nacional, lo más destacado es el estadio de *sumo* Kokugikan, las numerosas *heya* (casas donde viven y entrenan los luchadores) y los restaurantes especializados en *chanko-nabe*, la comida favorita de los *rikishi* o luchadores de *sumo*.

La estación de Ryogoku es un excelente punto de partida para explorar el barrio. Su vestíbulo está adornado con fotos de luchadores de *sumo*, huellas de sus manos y una exhibición que te permite comparar tu altura con la de famosos *yokozuna*, los luchadores de mayor rango. La zona Ryogoku Edo Noren, en el propio edificio de la estación, recrea las calles del periodo Edo y cuenta con un auténtico *doyo* o ring de *sumo*.

Desde la estación puedes pasear por la calle Kokugikan-dori para admirar estatuas de *yokozuna* históricos, con huellas de sus manos en las bases y compararlas con las tuyas. Si sigues caminando llegarás al templo Ekoin, conocido como «el lugar de nacimiento del *sumo*», que albergó competiciones de este deporte antes de la construcción del primer estadio en 1909. También está dedicado a las víctimas del gran incendio de Edo y cuenta con un cementerio de mascotas, así como varias esculturas, monumentos y estupas.

De todos ellos, el más curioso es la piedra Nezumikozo, dedicada a Jirokichi Nakamura (1797-1832), el «Robin Hood japonés». Este joven se hizo famoso por robar en diferentes casas de señores feudales de la época y ofrecer el botín a los más necesitados hasta que fue capturado y ejecutado, consiguiendo más fama si cabe. De hecho, su historia se recuerda en varias obras de teatro *kabuki*.

KAMEIDO, LA TOKIO MÁS RETRO

Un poco más al este de Ryogoku se encuentra Kameido, uno de los barrios con más ambiente retro de la capital. Los alrededores de la estación lo conforman un entramado maravilloso de estrechas callejuelas peatonales, llenas de restaurantes y bares, mientras que en el centro del barrio se encuentra el santuario Kameido Tenjin, plasmado en 1857 por el maestro del *ukiyo-e* Hiroshige Utagawa en su serie *Cien famosas vistas de Edo*. Hoy, sigue siendo uno de los lugares favoritos de los tokiotas para celebrar la floración de los ciruelos en febrero y la floración de las glicinias en abril.

El estadio de *sumo* Kokugikan alberga tres de las seis competiciones anuales de *sumo*. Fuera de la temporada de competición se puede visitar gratuitamente el Museo del Sumo, una pequeña exposición de objetos relacionados con el deporte. Durante los torneos, la zona del estadio cobra vida con coloridas banderolas llamadas *nobori*, que exhiben los nombres de los *rikishi* y sus patrocinadores.

Junto al estadio se encuentra el Museo Edo-Tokyo, que ofrece una fascinante inmersión en la historia y cultura de Tokio desde el periodo Edo hasta la actualidad. Desgraciadamente está cerrado por obras de renovación pero volverá a abrir en primavera de 2026. Apúntalo porque es uno de los mejores museos para aprender

EDOGAWA, MÁS AL ESTE

Más al este de Ryogoku, cruzando el río Arakawa, se encuentra el barrio de Edogawa, muy poco explorado por el turismo internacional. En la desembocadura del río puedes pasear por el fantástico parque Kasai Rinkai o visitar las instalaciones del Museo de Tokyo Metro o el museo de los bonsáis Shunkaen, por ejemplo.

Escanea el código para obtener más información sobre Ryogoku.

más sobre la historia y el estilo de vida de Tokio. Otro museo interesante es el Museo Hokusai, dedicado al artista Katsushika Hokusai, autor del conocido *ukiyo-e* «La gran ola de Kanagawa».

Cerca tienes el Parque Yokoamicho que conmemora dos grandes tragedias de Tokio: el Gran Terremoto de Kanto de 1923 y los bombardeos de Tokio de 1944-1945. El Salón Memorial de Tokio alberga los restos de fallecidos en ambos eventos, mientras que el Museo del Gran Terremoto de Kanto exhibe documentos, fotos y objetos relacionados con el desastre y la reconstrucción de la ciudad.

Al lado puedes visitar el antiguo jardín Yasuda, con un estanque central en forma del *kanji* o ideograma de corazón. El estanque está conectado al río Sumida mediante un sistema llamado *shiori*, por lo que su nivel de agua fluctúa con las mareas del río.

Monzen-Nakacho

Al este de la estación de Tokio, pero ya al otro lado del río Sumida, se encuentra el coqueto barrio de Monzen-Nakacho, un *shitamachi* o «barrio tradicional» mucho menos concurrido que Asakusa pero lleno de encanto. El barrio es conocido especialmente por sus cafeterías, sus conexiones con el *sumo* y el poeta Matsuo Basho, así como por su papel en la historia de la artesanía local.

Dos lugares de culto vertebran la actividad del barrio: el templo budista Naritasan Fukagawa Fudodo y, a pocos pasos, el santuario sintoísta Tomioka Hachimangu. El templo es curioso de ver porque mezcla estructuras de mediados del siglo XIX con un nuevo salón principal moderno, de 2011. Pero aparte de por su apariencia, el templo es famoso por sus rituales diarios de purificación, en los que se queman varas de madera *gomagi*.

El santuario, por otro lado, es uno de los mayores santuarios dedicados a la deidad Hachiman y es el responsable del festival Fukagawa

El templo budista Naritasan Fukagawa Fudodo es famoso por sus rituales diarios de purificación, en los que se queman varas de madera 'gomagi'.

EL RÍO SUMIDA Y MATSUO BASHO

Entre Monzen-Nakacho y Ryogoku, en la margen oriental del río Sumida, se encuentra un paseo dedicado al poeta Matsuo Basho, que vivió en la zona a finales del siglo XVII. Aquí encontrarás un jardín-mirador, un museo dedicado a Basho y el Sumida River Terrace, un agradable paseo paralelo al río con preciosas vistas y decorado con haiku de Basho, además de otros detalles del periodo Edo como el muelle del navío Gozabune Atakemaru o el gran puente de Atake que Hiroshige Utagawa plasmó en su *ukiyo-e* «El puente Ohashi en Atake bajo una lluvia repentina» de la serie *Cien famosas vistas de Edo* (1857). Un paisaje muy distinto al actual, pero que te permitirá, de alguna forma, viajar al pasado.

TSUKUDA Y TSUKISHIMA

Si cruzas el río Sumida por el sur llegarás al barrio de Tsukuda y, desde allí, a Tsukishima, en una isla artificial de terrenos ganados al mar. Tsukuda es famosa por la elaboración de *tsukudani*, un platillo tradicional a base de ingredientes estofados en salsa de soja y *mirin* (ideales para acompañar al arroz). Mientras que Tsukishima es el lugar de origen del *monjayaki*, el plato estrella de Tokio, una especie de *okonomiyaki* más líquido que es una auténtica delicia. En Tsukishima encontrarás decenas de restaurantes especializados, uno al lado del otro, con lo que es el mejor lugar para probarlo.

Hachiman Matsuri, uno de los tres grandes festivales de la antigua Edo (de los que te hablamos un poco más adelante en esta guía). Además, es el lugar de nacimiento del *sumo* moderno, razón por la cual en el complejo verás varias esculturas relacionadas.

Tras visitar el templo y el santuario, tómate un café en alguna de las decenas de cafeterías de café de especialidad que encontrarás en el barrio. Las hay para todos los gustos, desde las más chiquititas y tradicionales a las más modernas y *hipsters*.

Pasea por Kiyosumi para ver sus tiendas tradicionales y sus jardines paisajísticos o acércate al museo Fukagawa Edo, para ver cómo era esta zona de la ciudad en el periodo Edo. Otra idea es visitar el Museo de Arte Contemporáneo para ver la mayor colección de arte moderno de Japón.

Finalmente, en primavera pasea por las márgenes del río y los canales históricos de Monzen-Nakacho, especialmente la zona de Sendaibori, llena de 350 cerezos.

Escanea el código para obtener más información sobre Monzen-Nakacho.

Ebisu

A menos de media hora andando desde el concurrido centro de Shibuya se encuentra Ebisu, un barrio de ambiente moderno que, sin embargo, ofrece una experiencia mucho más tranquila.

Conocido como «el barrio de la cerveza» —fíjate en las farolas, están decoradas con jarras de cerveza—, Ebisu es el lugar donde nació la marca de cerveza Yebisu, posteriormente comprada por Sapporo. De hecho, la zona comenzó a desarrollarse a finales del siglo XIX gracias a la apertura de una fábrica de cerveza. Al comienzo, tan sólo vivían aquí los trabajadores de la fábrica y sus familias, pero rápidamente creció como un barrio más de la capital. Cuando la fábrica se trasladó a la cercana prefectura de Chiba en la década de 1980, el complejo de edificios de ladrillo rojo se rehabilitó para dar forma al centro comercial Yebisu Garden Place, auténtico centro neurálgico del barrio.

En él encontrarás bares de cerveza, tiendas y restaurantes de todo tipo, el pequeño Museo de la Cerveza Yebisu, el Museo Metropolitano de Fotografía de Tokio y un mirador gratuito fantástico en uno de sus rascacielos. Asimismo, en Navidad y Fin de Año toda la zona se engalana con luces que crean un ambiente maravilloso. Si te gustan las series japonesas basadas en *manga* y *anime*, además, aquí se rodaron escenas de *Hana Yori Dango*, por lo que muchos japoneses acuden a hacerse fotos imitando a los dos protagonistas.

Cerca del complejo comercial, puedes pasar a mostrar tus respetos a la deidad que da nombre al barrio en el santuario Ebisu o tomar algo en Ebisu Yokocho, un pequeño callejón techado situado bajo un bloque de edificios en el que encontrarás unos 20 bares donde tomar una cerveza o un buen sake y comer algunas tapas japonesas. Si estás saturado de comida japonesa y te apetece algo más occidental, acércate hasta Blacows, un restaurante especializado en hamburguesas de *kuroge wagyu*, es decir, carne de ternera japonesa de calidad A5 a precios razonables.

Escanea el código para obtener más información sobre Ebisu.

Daikanyama

Otro lugar poco visitado por los turistas pero que pertenece al barrio especial de Shibuya —y al que puedes llegar andando si así lo deseas— es Daikanyama, un lugar de arquitectura singular, con tiendas de estilo boutique, maravillosas librerías y pastelerías y un ambiente sofisticado y tranquilo.

Pero no todo es refinado y moderno, ya que aquí puedes visitar la antigua residencia Asakura, construida en 1919. Desde sus salas de tatami o paseando por su maravilloso jardín tradicional te olvidarás de que estás en pleno centro de Tokio. Al salir, descubrirás un barrio muy *hipster*, con cafeterías populares especializadas en repostería de gran calidad, la zona comercial de Hillside Terrace, muchas embajadas y consulados de arquitectura singular o el complejo neomodernista Daikanyama T-Site, uno de los ejes del barrio y una de las librerías más bonitas de Japón.

Otro de los ejes es el complejo comercial Daikanyama Address, también lleno de tiendas y restaurantes. Muy cerca de estos dos espacios comerciales encontrarás tiendas de todo tipo, restaurantes curiosos, pastelerías y cafeterías de especialidad, hasta llegar a Spring Valley Brewery Tokyo, una cervecería artesanal con espacio de restaurante que fabrica su propia cerveza y que se encuentra en un extremo del curioso Log Road, un sendero peatonal que te lleva directamente al corazón de Shibuya.

 Escanea el código para obtener más información sobre Daikanyama.

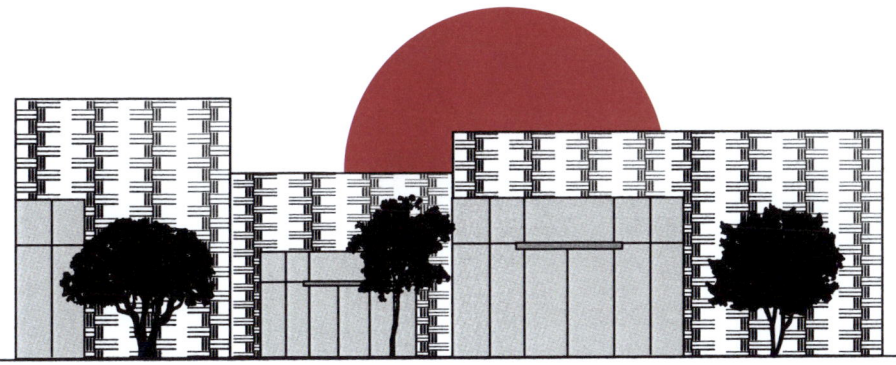

Nakameguro

Al sur de Daikanyama y al otro lado del río Meguro se encuentra Nakameguro, uno de los barrios más populares durante la floración de los cerezos, porque a lo largo del río Meguro, en un tramo de casi 4 kilómetros de largo cerca de la estación de tren, hay más de 800 cerezos que transforman el paisaje con sus flores. Para la ocasión, toda la zona se decora con farolillos, por lo que es un lugar ideal para disfrutar de la belleza de los cerezos en flor tanto de día como de noche.

Fuera de la época de floración, Nakameguro es un barrio tranquilo, de ambiente *hipster* en el que puedes comprar ropa *vintage* o hecha a mano en pequeñas tiendas y proyectos de autor o tomar cafés de especialidad en alguna de sus múltiples cafeterías y disfrutar de dulces de todo tipo en sus pastelerías.

También en las márgenes del río se encuentra el precioso edificio de Starbucks Reserve Roastery Tokyo, diseñado por el arquitecto Kengo Kuma. En el edificio, que abarca cuatro plantas, no sólo hay uno de los mayores centros de tostado de café del mundo, sino que también hay un salón de té, una panadería maravillosa y una terraza con vistas al río.

Escanea el código para obtener más información sobre Nakameguro.

Jiyugaoka

Al sur de Nakameguro se esconde Jiyugaoka, un barrio sofisticado y de ambiente «europeo» conocido por sus decenas de tiendas de muebles y decoración, boutiques de moda y pequeñas cafeterías en estrechas callejuelas peatonales. Pero también por un precioso y desconocido templo que te dejará sin palabras.

Pasea por el entramado de estrechas callejuelas en los alrededores de la estación y prueba alguna de sus cafeterías o pastelerías, ¡hay de todo! Rebusca entre las tiendas de decoración de interiores para ver la última moda en decoración japonesa y acércate hasta la «pequeña Venecia» de Jiyugaoka, un coqueto centro comercial que imita la estética de una auténtica *piazza* veneciana, con un diminuto canal, una góndola, un puente veneciano y hasta una torre del reloj que te harán dudar de si estás en Tokio o en Venecia. Al lado, además de una antigua casa de té puedes visitar el santuario Kumano, de más de 800 años de antigüedad.

Finalmente, reserva tiempo y energías para pasear hasta el templo

Joshinji, conocido popularmente como Kuhonbutsu o «templo de los nueve Budas». Se trata de un enorme complejo lleno de vegetación que, además del salón principal con una preciosa estatua de Buda dorada en su interior y un pequeño jardín zen, esconde tres grandes salones en cuyo interior hay, en cada uno de ellos, tres esculturas de Buda. Cada escultura muestra una enseñanza budista diferente (fíjate en las manos y en la pose de cada una de ellas); son realmente impresionantes de ver.

EL VALLE TODOROKI

Al suroeste de Jiyugaoka se encuentra el valle Todoroki, un auténtico oasis tokiota. Se trata de un valle natural, el único que hay de este tipo en los 23 distritos o barrios especiales que conforman el área metropolitana de Tokio. El valle ofrece un precioso paseo a pie por un sendero de 1,2 kilómetros por las márgenes del río Yazawa, afluente del río Tama. Es el lugar ideal para escapar del bullicio de Tokio y sumergirse en la naturaleza y la historia de la región. En verano, además, suele estar un par de grados más fresco que el resto de la capital.

Escanea el código para obtener más información sobre Jiyugaoka.

Shimokitazawa

Shimokitazawa, generalmente apodado «Shimokita», es un barrio bohemio famoso por su ambiente alternativo, único y personal, muy diferente del resto de la ciudad. Este barrio emergió como centro de la cultura alternativa japonesa en la década de 1970 y, desde entonces, ha mantenido su espíritu creativo e independiente.

Shimokita es un paraíso si te gusta lo *vintage* y lo moderno, ya que está lleno de tiendas de ropa de segunda mano, tiendas de antigüedades y decoración, pequeñas cafeterías *hipster* o tiendas de música con un toque alternativo, entre otras muchas cosas.

El complejo del teatro Honda, construido en 1982 por el actor Kazuo Honda para brindar oportunidades a creadores y actores jóvenes, es uno de los espacios más importantes del barrio. Junto con otros teatros como Off Off Theater, Rakuen, Theater 711, Tollywood o Suzunari, el teatro Honda consolida la importancia de Shimokitazawa en el mundo del teatro, el cine y la interpretación.

En el mismo edificio se encuentra Marché Shimokitazawa, un complejo de entretenimiento con tiendas de ropa de segunda mano y restaurantes como Chabuton Tonkotsu Ramen. Village Vanguard, una tienda peculiar ubicada en la planta baja del edificio del teatro, vende una variedad de artículos que van desde libros y *manga* hasta juguetes extraños y dulces, fiel reflejo del eclecticismo del barrio.

Shimokitazawa es un paraíso para los amantes de la música, con muchas tiendas donde los vinilos no han pasado de moda

Pero Shimokitazawa también es un paraíso para los amantes de la música, con muchas tiendas donde los vinilos no han pasado de moda, como por ejemplo Flash Disk Ranch, una tienda abierta en 1982. Además, si te gusta el *ramen* estás de suerte, porque Shimokita está considerado uno de los «barrios del *ramen*» de Tokio, con numerosos pequeños locales especializados en este plato japonés, como Torisoba Salt, que ofrece un delicioso *ramen* con caldo de pollo y sal. Aunque en la actualidad también es muy popular por sus múltiples restaurantes de curry, que elaboran este plato de muchas maneras diferentes.

Aunque, sin duda, uno de los lugares más visitados por los turistas en Shimokitazawa es Shirohige's Cream Puff Factory, donde puedes comprar pastelitos de crema con la forma del adorable personaje de Studio Ghibli. Puedes llevártelos a casa o subir hasta la cafetería del primer piso, Tolo Coffee and Bakery, y degustarlos con un *matcha latte* o un café.

En el barrio hay eventos y festivales durante todo el año, como por ejemplo el Shimokitazawa Tengu Matsuri, el Shimokitazawa Music Festival, el Shimokitazawa Bon Odori y el Shimokitazawa Awa Odori. Así, Shimokitazawa es un lugar vibrante y dinámico que ofrece una experiencia única a cada visitante. Quizás no tenga atractivos turísticos típicos como templos, santuarios, museos o esculturas, pero seguro que te gustará, sobre todo si buscas algo diferente.

Escanea el código para obtener más información sobre Shimokitazawa.

GOTOKUJI, EL TEMPLO DE LOS GATITOS

Desde Shimokitazawa puedes llegar fácilmente hasta el templo Gotokuji, conocido como «el templo de los maneki-neko». Los *maneki-neko* son los famosos gatitos de la suerte japoneses que, con su patita levantada, atraen a la fortuna. El templo es especialmente popular por sus ofrendas de *maneki-neko* hechas por los visitantes, pero también merece la pena la enorme pagoda de madera, rodeada de arces japoneses, ¡es una preciosidad!

Shinagawa

Un barrio llamado a convertirse en poco tiempo en uno de los nuevos centros neurálgicos de Tokio gracias a la apertura de la estación de Takanawa Gateway, la número 30 de la línea Yamanote, donde además se está levantando un gran centro comercial, hotelero y de negocios que complementará la ya importante estación de Shinagawa, que será el comienzo de la futura línea de tren de levitación magnética actualmente en construcción.

El barrio es importante, además, porque el tren bala en dirección a Kioto y Osaka tiene parada aquí tras salir de la estación de Tokio. Sin embargo, turísticamente está todavía por explotar, pese a la historia del barrio y sus desarrollos modernos. De hecho, Shinagawa era la primera estación de postas en la antigua ruta Tokaido, que partía de la zona de Nihonbashi. Hoy en día, aunque evidentemente la zona ha cambiado mucho, existe una calle llamada Kyu-Tokaido que discurre por donde antaño pasaba esta ruta. En ella encuentras pequeños santuarios y templos así como tiendas de artesanía en edificios antiguos.

Pero además, en Shinagawa también tienes toda la zona de Tennozu Isle, una isla ganada al mar con canales y paseos con restaurantes y cafeterías con terrazas, galerías de arte, restaurantes en antiguos almacenes, etc. De nuevo, aunque con un ambiente totalmente diferente a la parte más antigua de Shinagawa, esta otra zona del barrio se siente muy distinta al resto de Tokio.

Si prefieres la historia, también puedes rendir homenaje a los famosos *47 ronin* en el templo Sengakuji, donde se encuentran sus tumbas (bueno, 46 tumbas y un cenotafio). La historia de la venganza de estos samuráis sin señor es una de las más populares en el extranjero. Una historia de justicia, lealtad, honor y sacrificio que ha inspirado las artes japonesas hasta la actualidad.

Escanea el código para obtener más información sobre Shinagawa.

Nakano

Al oeste de Tokio, Nakano es uno de los barrios favoritos de los *otaku* porque aquí se encuentra Nakano Broadway, un curioso centro comercial lleno de tiendas de *manga* y *anime*, cultura *idol* y todo tipo de coleccionismo, *hobby* y maquetas.

De hecho, a pesar de que el barrio recibe el apodo de «la Akihabara del oeste», lo cierto es que aquí abrió la primera tienda Mandarake de todo Japón, icon lo que igual Akihabara debería llamarse la Nakano del este! Mandarake es una conocida cadena de tiendas especializadas en cultura pop. Hoy, en Nakano encontrarás 32 tiendas Mandarake diferentes, cada una dedicada a un tema concreto, ¡es impresionante!

Pasea por la galería comercial Sun Mall, una típica *shotengai* o calle comercial techada que conecta la estación con Nakano Broadway y piérdete por el ambiente retro de las calles traseras del barrio. También puedes buscar chollos en el mercadillo Mottainai, que se celebra en meses alternos en el parque central de Nakano.

Si visitas Nakano por la tarde o de noche, acércate hasta Fureai Road, un entramado de estrechas calles peatonales llenas de tabernas e *izakaya*, cada una con sus neones y decoraciones en las fachadas.

Escanea el código para obtener más información sobre Nakano.

Koenji

En la siguiente parada hacia el oeste desde Nakano se esconde Koenji, un barrio de artistas y gente creativa que compite con Shimokitazawa por ser uno de los centros culturales y alternativos de Tokio. Al igual que Shimokita, Koenji también está repleto de salas de conciertos, tiendas de ropa *vintage* y de segunda mano, tiendas de vinilos y rarezas musicales y pequeñas cafeterías de autor. Pero quizás la diferencia entre Shimokita y Koenji es que el ambiente en este último es más provocador y maduro, mientras que en Shimokita es más *hipster*.

No es de extrañar, por ello, que Koenji fuera la capital de la escena punk de la Tokio de la década de 1970, por ejemplo. O que aquí haya espacios específicos para el arte urbano, con varios muros decorados con murales de grafiti, algo poco común en Tokio.

Acércate al santuario Koenji Hikawa, lugar de origen del conocido Awa Odori del barrio, un popular festival de bailes *awa* que se celebra en agosto por las festividades de Obon (y del que te hablamos más adelante) y encuentra el pequeño santuario Kisho, «el santuario del tiempo», el único santuario de todo Japón dedicado al clima y que además aparece en la película de animación *El tiempo contigo*.

Pasea por la calle Pal (llamada Shin-Koenji en su extremo sur), una galería comercial que recibe el apodo de *Look Street* porque es el lugar ideal para echar un vistazo a sus tiendas en busca de pequeños tesoros ocultos. Aquí encontrarás múltiples tiendas de moda y accesorios *vintage* y de segunda mano, ¡hasta kimonos!

No te pierdas tampoco el templo Chosenji, con un jardín precioso y rodeado de naturaleza espectacular, piérdete entre las estrechas calles comerciales cerca de la estación y tómate algo en los bares y restaurantes situados bajo las vías del tren o visita el *sento* Kosugiyu, una casa de baños vecinal en la que disfrutar de la cultura del baño japonesa.

Escanea el código para obtener más información sobre Koenji.

Kichijoji

Un poco más al oeste se encuentra uno de los barrios residenciales favoritos de los tokiotas: Kichijoji. Desde la estación tendrás que andar un poco para ver los puntos turísticos destacados del barrio, pero el paseo merece la pena, créenos.

Si visitas Kichijoji por la tarde, adéntrate en Harmonica Yokocho, una red de estrechísimas callejuelas llenas de diminutos bares y restaurantes, en los que apenas hay una barra o en los que hay que estar de pie. Entre los neones, los farolillos de papel y el tamaño de los bares, el ambiente es espectacular, no te lo pierdas.

Otra opción es pasear por las galerías y calles comerciales que se extienden desde la estación. En ellas encontrarás negocios de todo tipo y desde aquí puedes acercarte hasta Penny Lane, una callejuela empedrada de ambiente retro en la que hay varios bares de jazz y un teatro de cine independiente. Si buscas una opción algo más «cultural», puedes realizar la peregrinación de los Shichifukujin o siete dioses de la fortuna de Kichijoji, visitando los siete templos y santuarios dedicados a cada una de las siete deidades o acercarte a ver los templos Shikendera, cada uno con un diseño diferente.

Muy cerca de la estación se extiende el parque Inokashira, auténtico pulmón verde del barrio. El parque fue donado por el emperador a la ciudad en 1913 y hoy es un enorme parque público con un gran lago (por el que puedes navegar con botecitos y peda-

Si visitas Kichijoji por la tarde, adéntrate en Harmonica Yokocho, una red de estrechísimas callejuelas llenas de diminutos bares y restaurantes, en los que apenas hay una barra o en los que hay que estar de pie. El ambiente es espectacular, no te lo pierdas.

les) y la fuente de agua del río Kanda, ambos construidos durante el periodo Edo. El parque es especialmente popular en primavera, durante la floración de los cerezos, y en otoño, con el cambio de color de las hojas de los árboles.

En un extremo del parque se esconde el Museo Ghibli, uno de los museos favoritos de los turistas en Tokio. Como su propio nombre indica, el museo está dedicado al mundo de Studio Ghibli, uno de los estudios de animación japonesa clásicos, con obras como *Mi Vecino Totoro*, *Laputa, el castillo en el cielo*, *Ponyo* o *El viaje de Chihiro*, por ejemplo.

Shibamata

En el otro extremo de la ciudad y un poco alejado de las rutas turísticas habituales se encuentra Shibamata, en el barrio especial de Katsushika. Aunque no verás muchos turistas occidentales, el barrio es popular entre los japoneses porque es el lugar de origen de Tora-san, el protagonista de 48 películas de la serie *Otoko wa tsurai yo* («Qué duro es ser hombre»), muy queridas por los japoneses de cierta edad.

Tora-san era un vagabundo de buen corazón que siempre tenía mala suerte en el amor y, de hecho, nada más salir de la estación de tren, te encontrarás con una estatua del personaje, maleta en mano, mirando a la estatua de su hermana, mientras se despide. Luego, el resto del barrio está lleno de muñecos y estatuas del personaje de estilo *kawaii* y la propia estación cuenta con placas con fotos de sus películas en los andenes.

Sin embargo, Shibamata es más que Tora-san, ya que el camino desde la estación te lleva por la calle comercial Taishakuten Sando, que da acceso al fabuloso templo Taishakuten, eje vertebrador del barrio y alrededor del cual surgió la Shibamata actual. Esta calle tradicional está llena de restaurantes y puestos de comida callejera, así como de tiendas de recuerdos, todo ello en edificios del periodo Edo, por lo que resulta un paseo muy bonito y acogedor que te transporta en el tiempo.

Al comienzo de la calle tienes Shibamata Haikara Yokocho, un complejo de restaurantes, bares y tiendas de todo tipo que imita el ambiente de la Shibamata de antaño y en cuyo segundo piso también está el Museo de los Juguetes de Shibamata.

Pero como decimos, la estrella del barrio, con permiso de Tora-san, es el templo Taishakuten, fundado a comienzos del siglo XVII y conocido por sus tallas de madera sin pintar, que puedes ver tanto en la puerta principal Nitenmon como en el salón Taishakudo, el salón principal y el pasillo elevado que los une.

Fuera del eje que marca la estación, la calle principal y el templo, y en dirección al río Edogawa, te encontrarás con la casa de té Yamamoto-tei, residencia de un antiguo comerciante de la década de 1920, que mezcla elementos japoneses con otros de estilo occidental en la que puedes tomar un té y un dulce sentado en una de las salas tradicionales con vistas a su maravilloso jardín japonés.

YOTSUGI, EL BARRIO DE OLIVER Y BENJI

Al suroeste de Shibamata se encuentra el barrio de Yotsugi, donde nació el *mangaka* Yoichi Takahashi, creador de *Captain Tsubasa*, un *manga* que puso de moda el fútbol en Japón y cuyo *anime* marcó a toda una generación, tanto dentro como fuera de las fronteras japonesas. Por ello, entre las estaciones de Yotsugi y Tateishi hay nueve estatuas de bronce dedicadas a los protagonistas de la serie y además, la estación de Yotsugi está también decorada. Si eres fan de Oliver y Benji, los magos del balón (como decía la canción de la serie en España), no deberías perdértelo.

Escanea el código para obtener más información sobre Yotsugi.

Por esta parte de Shibamata, cerca del río, se encuentra el Museo de Yoji Yamada, para conocer un poco al director de la gran mayoría de películas de Tora-san y responsable, entre muchísimas otras, de *Una familia de Tokio*, remake moderno de *Cuentos de Tokio*.

Escanea el código para obtener más información sobre Shibamata.

Senju

Senju es un barrio muy poco explorado por los turistas, a pesar de encontrarse al norte de Asakusa (una de las zonas más turísticas de Tokio) y de tener gran importancia histórica en la ciudad.

Pasea por la galería comercial Joyful Minowa, de marcado ambiente retro (o antiguo, para qué engañarnos) y llena de tiendas de comida preparada extremadamente barata, confiterías tradicionales y restaurantes con más de un siglo de historia. Desde aquí, puedes subirte al Sakura Tram (del que te hemos hablado ya en la sección de transporte y en la de Ikebukuro) y disfrutar de una excursión curiosa y diferente en la única línea que sobrevivió de la antigua y extensa red de tranvías de Tokio.

Si te apasiona la historia, el paseo entre la zona sur (Minami-Senju) y la zona norte (Kita-Senju) es ideal. Entre las líneas de tren, puedes ver

En Senju puedes subirte al Sakura Tram y disfrutar de una excursión curiosa y diferente en la única línea que sobrevivió de la antigua y extensa red de tranvías de Tokio.

YOSHIWARA, EL ANTIGUO BARRIO DE PLACER

Entre las estaciones de Minami-Senju y Minowa-bashi se encontraba, hasta 1958, Yoshiwara, el antiguo «barrio de placer» de la ciudad donde cortesanas y geishas entretenían a mercaderes, artistas y actores. Hoy no queda nada de aquella Yoshiwara, pero durante un paseo por la zona sí puedes descubrir muchos recuerdos ocultos como tumbas de antiguas cortesanas, monumentos a las mujeres del barrio, un sauce que aguanta impasible el paso del tiempo (y que marcaba entonces la entrada al barrio) y decenas de *soaplands* y negocios de dudosa reputación.

el pequeño cementerio y memorial del antiguo campo de ejecuciones de Kozukappara, lugar donde durante el periodo Edo se ejecutaba a criminales, *ronin* y prisioneros usando todo tipo de métodos horribles. Aquí verás muchas estatuas de Jizo para dar consuelo a las almas de los ejecutados, que crean un ambiente casi melancólico.

Acércate también hasta el templo Entsuji, en el que se enterraron los samuráis del *shogitai,* el grupo de élite del *shogunato* que luchó contra el nuevo gobierno imperial en la batalla de Ueno de 1868, donde fueron casi exterminados. Por ello, en 1907, la puerta negra Kuromon del antiguo templo Kaneiji del parque de Ueno —en la que todavía se pueden ver marcas de disparos de la batalla— se trasladó al complejo del templo Entsuji, en recuerdo de la batalla y sus víctimas.

Cruza el gran puente Senju-Ohashi para situarte en el lugar que el artista Hiroshige Utagawa plasmó en 1856 en el famoso *ukiyo-e* «El gran puente de Senju» de la serie *Cien famosas vistas de Edo* y acércate hasta el parque Ohashi, lugar de comienzo del viaje de Matsuo Basho hacia las tierras del norte mencionado en páginas anteriores. O pasea por la antigua ruta Nikko Kaido, una de las cinco rutas que conectaban Edo con el resto del país, en este caso, con Nikko. La ruta partía de Nihonbashi y en Senju se encontraba la primera estación de postas. Hoy apenas queda nada de ello, sólo algunos carteles aquí y allá, pero si te gusta la historia, te encantará pasear por aquí e imaginar cómo era comenzar una travesía a pie durante el periodo Edo.

Finalmente, disfruta de los bares e *izakaya* en los alrededores de la estación de Kita-Senju o visita el mercado de Adachi para ver en directo la subasta del atún, mucho más tranquilo y con menos turistas que Toyosu. Y como curiosidad, visita el santuario Susanoo, popular entre madres recientes que acuden a él para solicitar a las deidades no tener problemas a la hora de amamantar a sus retoños colgando una tablilla *ema* exclusiva para la lactancia en el complejo del santuario.

 Escanea el código para obtener más información sobre Shenju.

Itinerarios por Tokio

ROPPONGI, ASAKUSA, SHIBUYA, HARAJUKU Y SHINJUKU

Hay tanto que ver en Tokio, tanto lugares típicos como menos típicos, que lo complicado para el turista es decidir cómo integrarlo todo en itinerarios que tengan sentido y que no te hagan estar moviéndote de un extremo a otro de la ciudad.

A continuación te damos algunas ideas de lugares que puedes visitar en un día, de forma resumida. Piensa que tendrás que parar a comer entre medias y que luego muchos lugares cierran pronto por la tarde, con lo que si sólo quieres pasear no es problema, pero si quieres poder entrar a todo y tener luz suficiente para verlo bien tampoco puedes meter demasiadas cosas en un mismo día.

Luego, sólo tendrás que añadir tantos de estos itinerarios de 1 día como días tengas, para aprovechar al máximo tu estancia en Tokio. Por supuesto, para darle forma, lee las secciones que hay en esta guía de cada lugar recomendado para decidir cuánto de todo lo que contamos quieres ver.

Este itinerario es uno de los que recomendamos si estás recién llegado a Tokio, tienes poco tiempo y quieres ver muchas cosas. Eso sí, te avisamos de que, en este caso, tendrás que dejar muchas cosas fuera para verlo todo. Algunos de los itinerarios que encontrarás más adelante son algo más relajados.

El día comienza en Roppongi (1), para ver sus museos de arte y arquitectura singular así como su centro neurálgico Roppongi Hills, para llegar en metro hasta Asakusa (2) y tener una impresión totalmente diferente, más tradicional, gracias al templo Senso-ji y sus alrededores. Desde aquí te recomendamos ir hasta la bulliciosa y entretenida Shibuya (3), y tal vez subir a su mirador Shibuya Sky, para pasear luego por la zona de Omotesando y sus tiendas de lujo con arquitectura singular así como la concurrida calle Takeshita-dori. Desde Harajuku (4) llegas en pocos minutos de tren hasta Shinjuku (5), donde puedes alucinar con todos los neones y visitar la callejuela Omoide Yokocho, el distrito de los rascacielos y el vibrante barrio rojo de Kabukicho.

alimentación, de puestos de comida y restaurantes. El final del día te deja en el parque Ueno (6), visitando el santuario Toshogu, el templo Kiyomizu Kannon-do y la zona alrededor del estanque.

GINZA, TSUKIJI, HAMA-RIKYU, AKIHABARA, AMEYOKO Y UENO

Este itinerario también es intenso, por si quieres ver mucho en poco tiempo y que los desplazamientos tengan sentido. Así, comienzas en Ginza (1), con sus tiendas de marcas de lujo con arquitectura singular, para luego acercarte hasta la zona del mercado exterior de Tsukiji (2), que aunque ya no tenga el mercado mayorista sigue estando llena de restaurantes y tiendas.

Tras comer algo por allí puedes llegar hasta los preciosos jardines Hama-Rikyu (3), un oasis de tranquilidad en medio de la ciudad. Desde aquí puedes cambiar de estilo y acercarte hasta Akihabara (4), donde encontrarás tiendas de electrónica, *manga*, *anime* y cafeterías temáticas. Cuando acabes, paseando en paralelo a las vías de tren de JR llegarás hasta Ameyoko (5), un mercadillo lleno de tiendas de ropa, de

ESTACIÓN DE TOKIO, PALACIO IMPERIAL, SHINBASHI, SHIODOME Y ODAIBA

Un tercer itinerario intenso por Tokio (tranquilo, los demás son algo más relajados). En este caso te proponemos comenzar explorando la zona alrededor de la estación de Tokio (1) y la majestuosa área del Palacio Imperial (2). Pasea por los serenos Jardines del Este del Palacio Imperial y admira la arquitectura histórica de la estación de Tokio.

Desde esta zona puedes llegar en tren en poco tiempo hasta Shinbashi (3), conocido por sus restaurantes y vida nocturna y, al lado, tienes Shiodome (4), donde podrás disfrutar de las vistas de la bahía de Tokio y explorar sus numerosos rascacielos y centros comerciales. Para acabar de completar el día puedes tomar la línea Yurikamome hasta la isla artificial de Odaiba (5), donde además de disfrutar de todo lo que tiene que ofrecer te recomendamos ver el atardecer sobre la bahía de Tokio y el Rainbow Bridge.

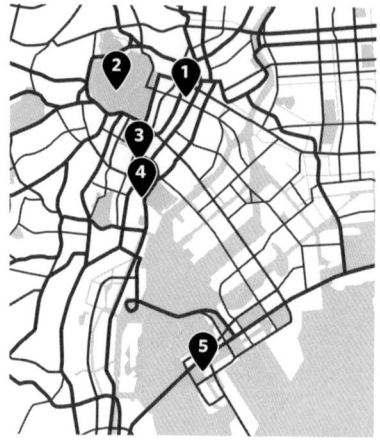

SHINJUKU, HARAJUKU Y SHIBUYA

Con este itinerario exploras algunos de los barrios más populares de Tokio. Te proponemos comenzar por Shinjuku (1) y visitar el parque Shinjuku Gyoen, pasear por Omoide Yokocho o subir, por ejemplo, al mirador gratuito del Gobierno Metropolitano de Tokio. Desde Shinjuku llegas fácilmente a Harajuku (2), donde puedes comenzar visitando el santuario Meiji y el parque Yoyogi antes de adentrarte en la concurrida y popular calle Takeshita-dori.

Ya que estás por la zona, puedes comer *gyoza* en el popular restaurante Gyoza Ro (a veces lo verás como Gyoza Lou) y luego pasear por la avenida Omotesando, con sus tiendas de lujo y arquitectura singular. El día termina en Shibuya (3), donde podrás ver el famoso cruce de peatones, la estatua de Hachiko y el mirador Shibuya Sky para disfrutar de vistas panorámicas de la ciudad al atardecer. Según qué mirador quieras dejar para el atardecer, puedes hacer este itinerario tal cual o comenzarlo por Shibuya y acabar en Shinjuku.

SHINBASHI, SHIODOME Y ODAIBA

Dos lugares muy populares entre los trabajadores japoneses por sus *izakaya* o tabernas japonesas son Shinbashi (1) y Shiodome (3), en el corazón de Tokio. Si empiezas por Shinbashi, podrás visitar el pequeño museo donde estaba la antigua estación y ver la locomotora de vapor en la plaza de la estación actual. Desde aquí puedes llegar andando hasta la zona de Shio-dome, repleta de rascacielos y hoteles con vistas donde se encuentra el reloj Ghibli diseñado por Hayao Miyazaki, con espectáculo a ciertas horas.

Por la tarde, toma la línea Yurika-mome (o bien desde Shinbashi o bien desde Shiodome) hasta la isla artificial de Odaiba (3). Allí te recomenda-mos visitar el parque Daiba, pasear por el paseo costero hasta la playa y admirar la réplica de la Estatua de la Libertad. Si lo prefieres, tienes varios centros comerciales, como Aqua City (con una hamburguesería con vistas), Decks (con un Legoland Discovery Center) o DiverCity (con una estatua a tamaño real de Gundam). Si te da tiempo, puedes visitar la sede de Fuji TV, explorar el museo Miraikan y el parque temático Immersive Fort antes de disfrutar de la puesta de sol sobre la bahía de Tokio y el Rainbow Bridge desde el paseo costero.

SHINAGAWA, NAKAMEGURO Y JIYUGAOKA

Si viajas en primavera y quieres alter-nar zonas algo más tranquilas con zo-nas concurridas y repletas de cerezos, este itinerario es perfecto. En realidad te sirve para cualquier momento del año, porque verás lugares muy interesantes, lo único que si vas en otro momento que no haya cerezos, estarás algo más tranquilo.

En Shinagawa (1) puedes explorar Tennozu Isle o la calle Kyu-Tokaido, el tramo de la antigua ruta Tokaido. Si buscas historia, acércate hasta el templo Sengakuji para ver las tumbas de los 47 *ronin*. Desde esta zona te recomendamos seguir el río Meguro y llegar hasta Nakameguro (2), con tiendas de diseño, pastelerías, cafete-rías y hasta el impresionante edificio de Starbucks Reserve Roastery Tokyo.

Si tienes tiempo, acércate en tren hasta Jiyugaoka (3) para pasear por su pequeña Venecia y ver sus tiendas de muebles y decoración.

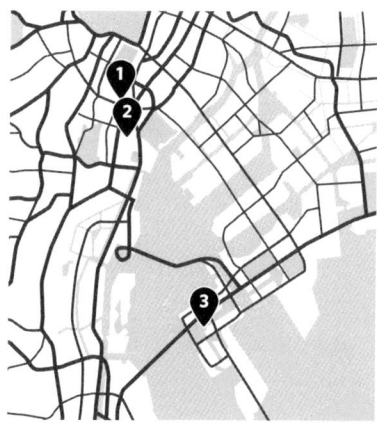

UENO Y YANESEN

Aunque Tokio suele ofrecer una imagen a priori de ciudad moderna, también tiene barrios donde se respira tradición, llamados *shitamachi*. Si te has cansado de tanto neón, este itinerario igual puede serte de utilidad.

Dedica tanto rato como quieras al parque de Ueno (1) y sus museos. Y cuando ya tengas suficiente, caminando hacia el norte llegarás primero a la zona de Nezu, donde se encuentra el precioso santuario Nezu, y desde allí irás primero por Sendagi para acabar en Yanaka, los tres barrios comúnmente apodados como Yanesen (2). Una vez terminada la visita te quedan cerca las estaciones de Nippori y Nishi-Nippori, de la línea Yamanote, con lo que te será muy fácil desplazarte a otros puntos de la capital.

KANDA, AKIHABARA, AMEYOKO Y UENO

Con este itinerario tienes una mezcla de espiritualidad (Kanda, 1), bullicio con tiendas de *manga* y *anime* (Akihabara, 2), mercados callejeros (Ameyoko, 3) y uno de los parques más populares de Tokio (Ueno, 4). No sólo verás sitios increíbles sino que también podrás hacer compras muy interesantes y comer un montón de platos populares.

Si prefieres comer por la zona de Ameyoko, repleta de restaurantes, bares y puestos de comida, puedes empezar el itinerario por Ueno, pero ten cuidado con las horas, porque en Kanda tienes santuarios como el Kanda Myojin y no quieres llegar cuando esté cerrado el salón principal o la tienda. Si te da igual, como el recinto es de acceso gratuito, puedes estirar el día todo lo que quieras.

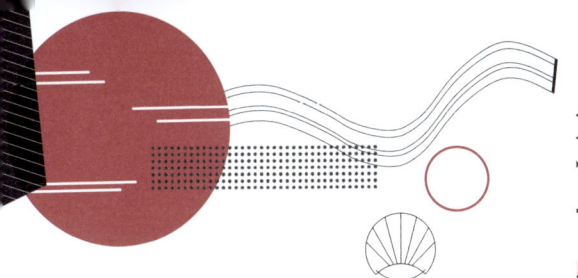

AZABUDAI HILLS, ROPPONGI, TEMPLO ZOJOJI Y TORRE DE TOKIO

Un itinerario sencillo que mezcla lo moderno con lo tradicional, desde uno de los desarrollos urbanísticos más modernos como es Azabudai Hills (1) (con su museo teamLab Borderless), el interesante barrio de Roppongi (2) y luego el templo Zojoji (3) para acabar en la Torre de Tokio (4).

El itinerario lo puedes hacer tal como lo hemos planteado para ir al museo teamLab Borderless nada más abrir, que será cuando menos gente haya y puedas disfrutarlo mejor (desde luego, si vas a media mañana o media tarde, estará mucho más lleno). De esta forma, además, llegarás al final del itinerario al atardecer, donde podrás disfrutar de las vistas desde alguno de los miradores de la Torre de Tokio.

Sin embargo, si sólo quieres ver la Torre de Tokio desde cerca pero no subir, o si el museo teamLab Borderless no te interesa o ya lo has visitado, puedes hacer la ruta al revés, aunque intercambiando el orden de Azabudai Hills y Roppongi para así ver Tokio de noche desde el mirador Tokyo City View de Roppongi. También es interesante hacerlo así si vas en invierno, para ver las luces encendidas en los árboles de Keyakizaka.

SHIBUYA, DAIKANYAMA Y NAKAMEGURO

Ya te hemos dado una idea de itinerario donde visitas Shibuya (1), pero con otros lugares de Tokio. Sin embargo, puedes comenzar el día en Shibuya y subir, por ejemplo, al mirador Shibuya Sky por la mañana, con algo menos de gente, para visitar luego Daikanyama (2), donde llegas fácilmente en tren.

En Daikanyama te recomendamos comer y dedicarle un buen rato para pasear luego por la tarde por Nakameguro (3), todo de forma muy orgánica y sin pasar mucho tiempo en transporte público. Por supuesto, lo puedes hacer al revés para acabar en el mirador Shibuya Sky al atardecer y ver cómo la ciudad se va iluminando. Aunque esto mejor en verano, cuando los días son más largos, porque si no tendrás que acortar tu itinerario bastante si quieres llegar a Shibuya al atardecer en invierno.

SHINJUKU, IKEBUKURO Y OTSUKA

Para este itinerario de día te recomendamos comenzar por Shinjuku (1), uno de los barrios más populares de Tokio y con mucho que ver. Puedes visitar el parque Shinjuku Gyoen, el mirador del Gobierno Metropolitano de Tokio, o disfrutar del ambiente de Omoide Yokocho.

Por la tarde, el itinerario te lleva hasta Ikebukuro (2), un lugar popular por su oferta de *manga* y *anime* y también por ser el hogar de Sunshine City, un complejo impresionante de tiendas y entretenimiento. Para finalizar, puedes acabar en Otsuka (3), un barrio de ambiente más tranquilo y tradicional pero en plena revitalización, donde se puede visitar el templo Kannon o disfrutar de una cena relajada. Si quieres ver Shinjuku de noche con los neones encendidos, puedes hacerlo al revés.

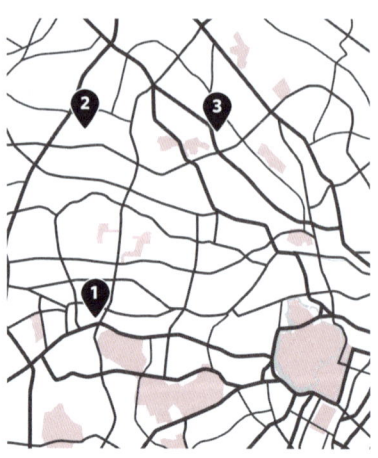

KOENJI, NAKANO Y SHINJUKU

Puedes comenzar este itinerario de un día en Koenji (1), barrio al que llegas rápido usando trenes de JR. Allí puedes pasear por sus calles y disfrutar de sus murales de grafiti y de las tiendas de ropa de segunda mano. Cuando haya levantado el día, toma el tren de nuevo (para tan solo una parada) y visita Nakano Broadway (2) para explorar sus tiendas de *anime* y *manga* (que suelen abrir tarde) y el resto de lo que el barrio tiene que ofrecer.

Finalmente, te recomendamos acabar el día en Shinjuku (3), para disfrutar de su animada vida nocturna, sus calles llenas de neones y cenar en alguno de sus muchos restaurantes o tabernas *izakaya*, como las de Omoide Yokocho, por ejemplo.

GHIBLI, KICHIJOJI Y SHINJUKU

En este día el itinerario comienza con la visita al Museo Ghibli (1) por la mañana. Eso sí, ¡siempre que hayas conseguido entrada, claro! De todas formas, tienes el bonito parque Inokashira cerca que merece la pena visitar también.

Luego, la ruta te lleva por Kichijoji (2), donde puedes visitar Harmonica Yokocho (y comer algo en alguno de los restaurantes de sus callejones, como por ejemplo las *gyoza* de Min Min), Penny Lane, varias calles comerciales y acabar comprando pasteles de nata con forma de Totoro. Luego, para acabar el día, llegas fácilmente en tren a Shinjuku (3), donde puedes disfrutar de su animada vida nocturna, sus restaurantes y sus icónicas luces de neón.

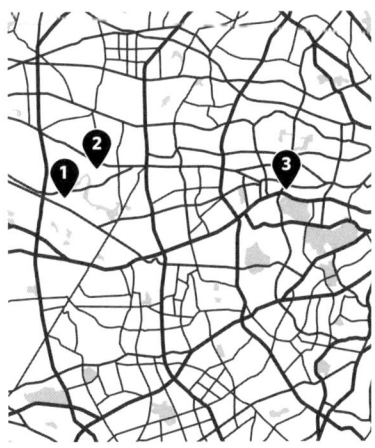

SHIBUYA, SHIMOKITAZAWA Y SETAGAYA

Con este itinerario comienzas en Shibuya (1) y tienes tiempo de sobra para ver absolutamente todos los lugares de interés, desde los más famosos como la estatua de Hachiko o el paso de peatones hasta rincones menos conocidos como el Shibuya Stream o el precioso (pero siempre tranquilo) santuario Konno Hachimangu.

Tras pasear por Shibuya, te animamos a tomar el tren y explorar Shimokitazawa (2). Puedes comer en alguno de sus múltiples restaurantes de curry e ir de compras mientras disfrutas del ambiente *hipster* del barrio. Finalmente, puedes acabar el día comprando tu *maneki-neko* en el templo Gotokuji (3), paseando por el valle Todoroki o hasta acercándote a las márgenes del río Tama.

SHIBAMATA, YOTSUGI Y SKYTREE

Para este itinerario te recomendamos comenzar por Shibamata (1), un barrio tradicional que conserva el ambiente de la antigua Edo. Aquí puedes visitar el templo Taishakuten y pasear por su calle principal, repleta de tiendas, restaurantes y edificios del periodo Edo.

De aquí llegas con facilidad a Yotsugi (2), un barrio poco turístico pero que, sin embargo, está repleto de estatuas de la serie de *anime* y *manga* *Captain Tsubasa* (*Campeones* en España y *Supercampeones* en Latinoamérica). De Yotsugi te recomendamos ir para acabar el día hasta la zona donde se encuentra la Tokyo Skytree (3), la estructura más alta de Japón, donde puedes disfrutar de vistas panorámicas de la ciudad y visitar el complejo comercial y de entretenimiento que la rodea.

TOYOSU, ODAIBA, SHIODOME Y SHINBASHI

Un itinerario diferente por Tokio te lleva primero a uno de los dos museos de arte digital de Tokio, teamLab Planets. Si lo haces a primera hora, habrá menos gente. De aquí te recomendamos visitar el nuevo mercado mayorista de Toyosu (1) y comer sushi fresquísimo en alguno de sus restaurantes.

Luego puedes llegar fácilmente hasta Odaiba (2), en la bahía de Tokio y, según el tiempo que quieras dedicarle, podrás hacer más o menos cosas de las que hemos incluido en la sección dedicada a esta isla artificial. Para acabar, sube a la línea Yurikamome para visitar Shiodome (3) y Shinbashi (4), con muchísimo ambiente nocturno, neones y muchas tabernas *izakaya* donde podrás cenar.

TSUKISHIMA, TSUKUDA Y MONZEN-NAKACHO

Con este itinerario podrás explorar el área alrededor del río Sumida, para lo que te recomendamos comenzar en Tsukishima (1), famoso por sus numerosos restaurantes de *monjayaki*, el plato típico de Tokio que es como un primo del *okonomiyaki*. Tras disfrutar de esta especialidad local, puedes dirigirte a Tsukuda (2) caminando y pasear por toda esa zona a orillas del río.

Si sigues caminando llegarás al barrio de Monzen-Nakacho (3), poco explorado por los turistas pero con mucha actividad local gracias al santuario Tomioka Hachimangu. También puedes explorar el templo budista Fukagawa Fudodo, que es una sucursal del templo Naritasan. En esta zona hay muchísimos restaurantes, *izakaya* y bares de sake, por lo que es ideal para acabar el día y cenar y luego ver la ciudad iluminada de noche desde los muchos puentes que cruzan los canales que dan al río Sumida.

MONZEN-NAKACHO, SUMIDA Y RYOGOKU

Otro itinerario que te permite explorar la zona cercana al río Sumida. Y esta vez, si quieres, a pie, por lo que si te gusta descubrir las ciudades paseando, te gustará. Comienza en Monzen-Nakacho (1), quizás en alguna de sus cafeterías *hipsters* y, tras visitar el santuario y el templo, cruza el río Onagi para explorar la margen oriental del río Sumida (2), dedicada a Matsuo Basho.

Si te gusta la poesía y tienes interés por Basho, puedes entrar en su museo. Si no, simplemente merece la pena pasear por el paseo fluvial y disfrutar de las vistas hasta llegar a Ryogoku (3), fin del paseo a pie. Aquí, puedes explorar a fondo el «barrio del *sumo*» y, si te sobra tiempo, tomar el tren para llegar a alguna otra ubicación como la cercana Kameido, Akihabara, la zona de la estación de Tokio o hasta Asakusa y los alrededores de la torre Tokyo Skytree.

GINZA, NIHONBASHI, NINGYOCHO Y ASAKUSA

Con este itinerario mezclas lo exclusivo y lujoso con lo tradicional, todo en un mismo día. Para ello, te proponemos comenzar el día en Ginza (1), donde puedes pasear y admirar la arquitectura singular de muchas de sus tiendas de alta gama (aunque el presupuesto sólo dé para mirar escaparates).

Desde Ginza puedes llegar caminando, si te gusta andar, hasta la zona de Yaesu de la estación de Tokio y Nihonbashi (2), donde está el kilómetro cero u origen de las carreteras y caminos japoneses. Desde aquí accedes al barrio tradicional de Ningyocho (3), que tiene una bonita atmósfera del periodo Edo con calles estrechas, santuarios ocultos y tiendas de artesanía y de dulces tradicionales. Para acabar te recomendamos visitar Asakusa (4), donde se encuentra el templo Sensoji, posiblemente el más visitado de Tokio.

Depende de cuánto tiempo le dediques al resto, puede que llegues a Asakusa ya al caer el sol y con las tiendas de Nakamise-dori cerradas. Sea cual sea el caso, el templo de noche es precioso y mucho más tranquilo, con unas vistas difíciles de obtener durante el día. Aunque siempre puedes cambiar el orden de la ruta, por supuesto.

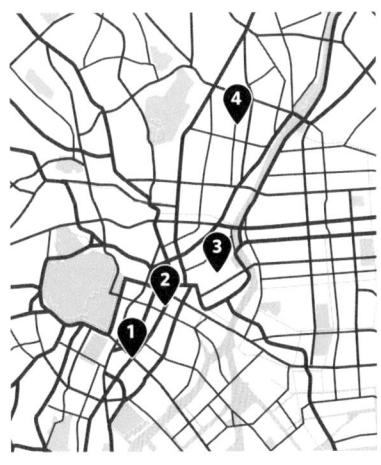

Para terminar el día, acércate hasta la Tokyo Skytree (3) y disfruta de las vistas de la ciudad desde sus dos miradores, y luego explora el complejo comercial y de entretenimiento Tokyo Solamachi, ubicado a los pies de la torre.

RYOGOKU, KAMEIDO Y SKYTREE

Comienza el día en Ryogoku (1), el corazón del sumo en Tokio, visitando el templo Ekoin, lugar de nacimiento de este deporte y explorando la calle principal del barrio y sus estatuas de luchadores o *rikishi*. Luego puedes pasear alrededor del estadio Kokugikan y, si tienes suerte y hay torneo —y consigues entradas—, podrás ver combates en vivo. Al lado se encuentra el fabuloso museo Edo-Tokio, que reabre sus puertas en primavera de 2026.

Según el tiempo que le dediques a Ryogoku puedes comer un *chanko-na-be*, como los luchadores, o ir hasta el siguiente destino, Kameido (2), y probar las *gyoza* de Kameido Gyoza, de nuestras favoritas en Tokio. Luego te recomendamos visitar el santuario Kameido Tenjin, famoso por sus glicinas en primavera y su puente arqueado.

IIDABASHI, MESETILLAS DE BUNKYO Y UENO

Un día en el distrito de Bunkyo te da la oportunidad de ver tanto la historia como el lado moderno de Tokio. Para ello recomendamos comenzar por los jardines Koishikawa Korakuen en Iidabashi (1), que datan del periodo Edo. Desde aquí puedes visitar la zona alrededor del estadio Tokyo Dome, con un spa, una montaña rusa y más.

El paseo continúa visitando las mesetillas de Bunkyo (2), empezando por la Catedral de Santa María, un impresionante edificio obra de Kenzo Tange que es la sede de la Archidiócesis Católica de Tokio. Desde aquí puedes acercarte al espectacular y poco visitado por los turistas templo Gokokuji, que seguro que te sorprenderá. Justo después te recomendamos acercarte hasta el campus Hongo de la Universidad de Tokio, una de las universidades más prestigiosas de Japón, con un hermoso campus lleno de edificios singulares y que aparecen en varias series de *manga* y *anime* (*Love Hina*, por ejemplo).

Puedes acabar el día en Ueno (3), disfrutando del parque, los restaurantes de Ameyoko o del ambiente nocturno del barrio.

Excursiones de día desde Tokio

Seamos sinceros, da lo mismo cuantos días estés, es imposible acabarse Tokio. Hay que asumir que en un primer viaje no vas a poder ver todo y comprender que siempre tendrás que dejarte cosas para un futuro viaje.

Por si fuera poco, además, en los alrededores de Tokio hay multitud de lugares que merecen mucho la pena. Por ello, muchos viajeros, tras pasar tres o cuatro días en la capital, hacen alguna excursión para cambiar de aires y ver lugares diferentes. Te damos algunas ideas para que conviertas tu visita a Tokio en todo un éxito.

Somos conscientes, eso sí, de que si quieres añadir destinos de la sección de Tokio diferente y también algunas excursiones de las que hablamos a continuación, necesitarás meses, porque Tokio es complicada acabársela. ¿Lo bueno? Que tendrás excusa para volver.

Kamakura

Kamakura es probablemente una de las excursiones de día más populares desde Tokio. Situada a poco menos de una hora de la capital, esta ciudad costera ofrece un ambiente muy diferente al de Tokio, especialmente gracias a sus templos y santuarios.

Quizás la visita más popular sea el templo Kotokuin, lugar en el que se encuentra el Daibutsu o Gran Buda de Kamakura, una enorme estatua de bronce de Buda sentado de más de 13 metros de alto al aire libre. Muy cerca te recomendamos también el emocionante templo Hasedera, repleto de pequeñas estatuas de Jizo, la deidad guardiana de los niños fallecidos. Estas estatuillas son ofrendas al templo por parte de familias en duelo, creando una imagen ciertamente conmovedora.

En la zona de la estación de tren te recomendamos pasear por la calle comercial Komachi, llena de cafeterías, tiendas de recuerdos y artesanía y pequeños restaurantes. Cuidado, porque aquí se te pueden ir las horas... ¡y los ahorros! Cuando llegues al final de la calle estarás muy cerca del precioso santuario Tsurugaoka Hachimangu dedicado a Minamoto no Yoritomo —quien estableció el *shogunato* de Kamakura en 1185— y al dios de los guerreros, Hachiman. Si vas en primavera te recomendamos pasear por la avenida que lleva al santuario, llena de cerezos, o por el camino sagrado Wakamiyaoji, en el que hay azaleas preciosas.

Asimismo, puedes visitar alguno de los cinco grandes templos zen de Kamakura o tomar alguno de los siete caminos de senderismo que conectan distintos puntos de la ciudad. Si visitas Kamakura en verano, no te pierdas sus playas. El agua suele estar a buena temperatura y no cubre mucho, ideal también para ir en familia.

Desde Tokio, existen muchas maneras de llegar a Kamakura. Por ejemplo, desde la estación de Tokio puedes tomar un tren de la línea JR Yokosuka hasta Kamakura (57 minutos) o un tren de la línea JR Shonan-Shinjuku (58 minutos). En ambos casos podrás usar el JR Pass. Lo mejor es comprobar cuál es la opción recomendada, según horario y localización, usando Google Maps.

Enoshima

Justo al lado de Kamakura, también en la costa de Shonan, se encuentra Enoshima, una pequeña isla unida a la ciudad de Fujisawa por un puente de 600 metros de largo. Ambas ciudades están conectadas con el Enoden, un precioso tren de estilo retro que circula por la costa de Shonan y que transforma el viaje en algo muy especial.

La isla es conocida por el santuario de Enoshima, en el que está consagrada Benzaiten, una de las siete deidades de la buena fortuna y diosa del arte y la música, además de por sus cuevas y un mirador en el precioso jardín botánico. Desde él se tienen vistas maravillosas del resto de la isla, las playas y, en invierno, del monte Fuji.

En verano, las playas se llenan de japoneses buscando apaciguar el fuerte calor y disfrutar del ambiente. Cerca, encontrarás muchos pequeños restaurantes y puestos callejeros especializados en marisco y pescado de la bahía.

Asimismo, también hay un acuario (uno de los lugares favoritos de los tokiotas para una cita romántica) y un complejo de aguas termales.

Existen muchas maneras de llegar a Enoshima desde Tokio. La más bonita es tomar un tren de la línea Odakyu, de la línea JR Tokaido convencional o de la línea JR Shonan-Shinjuku hasta la estación de Fujisawa (50-55 minutos) y allí cambiar a la línea de tren Enoden hasta Enoshima (11 minutos). Alternativamente, puedes tomar un tren de la línea Odakyu desde Shinjuku hasta la estación de Katase-Enoshima (1 hora y 15 minutos) o tomar un tren *rapid* de la línea JR Tokaido convencional o la JR Shonan-Shinjuku hasta la estación de Ofuna (44 minutos) y allí cambiar al monorraíl de Shonan hasta la estación de Shonan-Enoshima.

Yokohama

Yokohama es la segunda mayor ciudad de Japón y, por su ubicación, casi la continuación natural de Tokio. La ciudad experimentó un gran crecimiento porque fue uno de los primeros puertos en abrir al comercio internacional a mediados del siglo XIX y hoy es una ciudad llena de vida.

Pasea por el desarrollo moderno de Minato Mirai 21 y sube hasta el mirador de la Landmark Tower, que hasta la construcción de la torre Abeno Harukas en Osaka era el rascacielos más alto de Japón, para disfrutar de vistas impresionantes de la ciudad y sus alrededores. En días claros, disfrutarás de vistas del monte Fuji y de la bahía de Tokio, ¡es espectacular!

Aquí también puedes aprender más sobre el desarrollo de los fideos instantáneos, un invento de Momofuku Ando en 1958, en el CUPNoodle Museum. Otra opción es ir de compras (o a comer) en las muchas tiendas y restaurantes que hay en los antiguos almacenes de ladrillo rojo o *Akarenga*, que antaño fueron la Casa de Inspección de las Aduanas de la bahía de Yokohama.

Pasea también por el parque Yamashita frente a la bahía y, al atardecer, acércate al muelle Osanbashi para disfrutar de las mejores vistas del *skyline* de Yokohama. Descubre cómo era la vida de los comerciantes extranjeros del siglo XIX en el barrio de Yamate, toma un buen cuenco de *ramen* en el Museo del Ramen de Shin-Yokohama y, por la noche, pasea y disfruta de la comida callejera en el barrio chino de Yokohama, uno de los tres barrios chinos de Japón, junto al de Kobe y al de Nagasaki.

Hay muchísimas maneras de llegar a Yokohama desde Tokio. Si quieres acercarte hasta la zona de Minato Mirai 21, puedes tomar la línea Tokyu Toyoko desde la estación de Shibuya hasta la estación de Minato Mirai (25 minutos). Si prefieres llegar a la estación de Yokohama, puedes tomar las líneas JR Keihin-Tohoku, JR Tokaido, JR Yokosuka, Keihinkyujo de Keihin o incluso el tren bala de la línea Tokaido Shinkansen hasta Shin-Yokohama. Por ello, te recomendamos que consultes Google Maps para ver cuál es la mejor opción desde tu ubicación.

TRES EN UNO

Si no dispones de mucho tiempo, puedes combinar Kamakura, Enoshima y Yokohama en un solo día. Evidentemente no podrás verlo todo, pero sí podrás hacerte una idea básica de cada lugar. Te recomendamos empezar el día en Kamakura y, a la hora de comer, tomar el trenecito Enoden hasta Enoshima donde disfrutar de las vistas desde la playa y, si tienes suerte, del monte Fuji al fondo. Al atardecer toma el tren hasta Yokohama para disfrutar del paisaje nocturno de la zona de Minato Mirai 21 y de los sabores y olores de la rica comida callejera en el barrio chino, por ejemplo.

Nikko

Otra de las excursiones más populares desde Tokio es Nikko, una preciosa ciudad situada en las montañas al noreste de Tokio rodeada de un paisaje espectacular. Puedes visitar el maravilloso santuario Toshogu, decorado con tallas y colores sorprendentes que en principio no parecen encajar con la sobriedad de los santuarios sintoístas. El Toshogu alberga, además, el mausoleo de Tokugawa Ieyasu, el primer *shogun* Tokugawa. Al lado se encuentra el santuario Futarasan, un complejo religioso fundado a finales del siglo VIII rodeado de grandes cedros que añaden misticismo a la zona.

También puedes visitar el cercano Taiyuinbyo, el mausoleo de Tokugawa Iemitsu, nieto de Ieyasu y tercer *shogun* Tokugawa, ver las estatuas de madera lacada del templo Rinnoji y cruzar el puente Shinkyo, uno de los tres puentes más bonitos de Japón, junto con el puente Kintaikyo de Iwakuni y el puente Saruhashi de Yamanashi.

Pero si te gusta el senderismo, Nikko está repleto de caminos para disfrutar de la naturaleza. Desde el Abismo de Kanmangafuchi, lleno de estatuas de piedra de Jizo a la zona del lago Chuzenji, especialmente bonito en otoño con el cambio de color de las hojas de los árboles.

Además, si te gusta esquiar, puedes acercarte a las pistas de esquí Nikko-Yumoto o relajarte en las aguas termales de Kinugawa Onsen, un pueblo balneario situado en pleno parque nacional. Cerca, además, se encuentra el parque

Dispones de dos maneras de llegar a Nikko. En primer lugar, puedes tomar un tren *limited express* de la compañía Tobu desde la estación de Asakusa hasta la estación de Tobu-Nikko (2 horas). Si dispones de JR Pass, te recomendamos la segunda opción (que te permite parar fácilmente en Utsunomiya a la vuelta). Para ello, tendrás que tomar un *shinkansen* de la línea Tohoku Shinkansen desde la estación de Tokio o la estación de Ueno hasta la estación de Utsunomiya (50 minutos) y allí cambiar a un tren local de la línea JR Nikko hasta la estación de Nikko (entre 40 y 50 minutos).

Y PARA CENAR, GYOZA

Si viajas con un JR Pass —o un pase regional del grupo JR válido en esta zona— a la vuelta de Nikko te animamos a detenerte en Utsunomiya. Como contamos en nuestro primer libro, Utsunomiya es una de las capitales de las *gyoza* de Japón junto a Hamamatsu y Miyazaki. Nada más salir de la estación hay una estatua de una diosa *gyoza* imitando el estilo de la Venus de Botticelli y decenas de restaurantes especializados en estas ricas empanadillas japonesas. Es el punto y final perfecto a una excursión a Nikko.

temático Edo Wonderland, que te permite viajar en el tiempo y descubrir cómo era la vida en el periodo Edo.

Monte Takao

A menos de una hora en tren desde Shinjuku se alza el monte Takao, una excursión muy popular desde Tokio, especialmente gracias a sus distintos caminos de senderismo que te llevan por una zona de gran espiritualidad y cierto misticismo.

Hay caminos para todos los gustos, aunque muchos suben en funicular o telesilla hasta la mitad de la montaña y, desde allí, siguen a pie por uno de los caminos de senderismo, entre preciosos cedros, algunos de los cuales tienen más de 500 años de edad.

En pleno camino de subida se alza el templo Yakuoin, lleno de imágenes de *tengu*, una criatura *yokai* muy popular del folclore japonés que habita en las montañas. Se representa como una figura humana alada de nariz larga y espigada (a veces también con pico de cuervo) que sirve a la deidad Izuna Daigongen, manifestación de Buda en forma de deidad sintoísta.

Tras pasar por varios salones y ver diferentes estatuas, llegarás a la cima del monte Takao. Desde aquí, en días claros, se tienen bonitas vistas del monte Fuji. Además, al bajar, puedes relajar tus piernas en los baños termales situados en la estación de tren de Takaosanguchi, diseñada por el reconocido arquitecto Kengo Kuma.

La mejor manera de llegar al monte Takao es tomando un tren *semi limited express* de la compañía Keio desde la estación de Keio-Shinjuku hasta la estación de Takaosanguchi (50 minutos). Alternativamente, puedes tomar un tren *rapid* de la línea JR Chuo desde la estación de Shinjuku hasta la estación de Takao (40 minutos) y allí cambiar a la línea Keio hasta la estación de Takaosanguchi (3 minutos).

Monte Mitake

Dentro del parque nacional Chichibu-Tama-Kai, el monte Mitake es otra excursión perfecta si buscas opciones de senderismo y naturaleza espectacular cerca de Tokio.

Situado al oeste de Tokio, la excursión te lleva en funicular hasta la parte superior del monte, donde se encuentra el pueblo, lleno de antiguas posadas tradicionales. Desde aquí, puedes andar por senderos de montaña para visitar el santuario Musashi–Mitake y tomar alguno de los caminos de senderismo. El más popular es el llamado *Rock Garden*, un camino circular por el que pasarás por dos pequeñas cascadas entre bosques maravillosos.

Al bajar, es recomendable acercarse hasta la garganta Mitake y pasear por las márgenes del río Tama hasta los alrededores de la estación de Sawai, donde hay un templo budista, un puente colgante y hasta una bodega clásica de sake.

La mejor manera de realizar la excursión al monte Mitake es tomar un tren *special rapid* de la línea JR Chuo en dirección a Ome (56 minutos) y allí un tren local de la línea JR Ome en dirección a Okutama (14 minutos). Algunos trenes son directos desde Shinjuku, con lo que no tienes que hacer cambio de línea en Ome.

Kawagoe

Apodada «la pequeña Edo», Kawagoe parece anclada en el Japón del siglo XVIII gracias a su casco histórico, en el que verás decenas de edificios tradicionales en perfecto estado de conservación.

Hay mucho que ver y hacer en Kawagoe, aunque lo principal es pasear por el «distrito de los almacenes» Kurazukuri no machinami, lleno de antiguos almacenes *kurazukuri* que se usan hoy como tiendas, cafeterías y restaurantes. Es una gozada tomar un café o una cerveza en edificios con tanta historia.

Muy cerca puedes escuchar el repicar de la campana de la preciosa torre de la campana Toki no Kane, declarado como uno de los 100 mejores sonidos de Japón. También puedes comprar dulces tradicionales en Kashiya Yokocho, el «callejón de los caramelos», una calle empedrada y estrecha llena de tiendas tradicionales donde comprar caramelos, golosinas y todo tipo de dulces. El más popular es el *fu*, una especie de barra delgada de gluten de trigo, crujiente por

En Kawagoe hay mucho que ver, hacer y oír. Allí puedes escuchar el repicar de la campana de la preciosa torre de la campana 'Toki no Kane', declarado como uno de los 100 mejores sonidos de Japón.

fuera y esponjosa por dentro, que se recubre con azúcar negro de Okinawa.

Además, puedes visitar el palacio Honmaru Goten, lo único que queda del antiguo castillo de Kawagoe así como varios templos y santuarios de interés, entre ellos el santuario Kawagoe Kumano, un complejo del siglo XVI conectado con el gran santuario Kumano Hongu Taisha (situado en la zona del Camino de Kumano) o el templo Kitain, con 540 estatuas de piedra de discípulos de Buda, por poner tan sólo dos ejemplos.

La mejor manera de llegar a Kawagoe es tomando un tren de la línea Tojo de Tobu desde la estación de Ikebukuro hasta la estación de Kawagoe (33 minutos).

Monte Fuji

En días claros es relativamente habitual ver el monte Fuji desde Tokio. Si te alojas en un edificio alto o subes a algún mirador y tienes suerte, lo verás imponente ante ti... y eso a pesar de la distancia. No obstante, son muchos los viajeros que quieren hacer alguna excursión específica para ver más de cerca la montaña más sagrada de Japón.

Hay que tener en cuenta que existen muchos lugares desde los que disfrutar de vistas al monte Fuji, pero también es necesario no hacerse muchas ilusiones, porque el Fuji es caprichoso y no siempre se deja ver. En los meses de más calor, la humedad en el ambiente y la calima hacen que sea casi imposible —salvo al atardecer, y eso teniendo suerte—. Por ello, los meses más fríos del año son los mejores momentos para verlo, siempre que no haya traviesas nubes arremolinadas alrededor de su perfecto cono volcánico.

HAKONE

Uno de los destinos de fin de semana preferidos de los tokiotas para una pequeña escapada centrada en la naturaleza, la gastronomía y los baños termales es Hakone, en pleno parque nacional de Fuji-Hakone-Izu.

Además de disfrutar de vistas al monte Fuji, en Hakone puedes visitar el santuario de Hakone con su *torii* en el agua, la antigua villa imperial o la zona volcánica de Owakudani, donde es tradicional comer huevos negros cocidos en los vapores que emanan del interior de la tierra. Además, hay varios museos espectaculares (el Museo de Arte POLA o el Museo al Aire Libre de Hakone nos encantan, por citar sólo dos ejemplos), trenes de montaña, un funicular, un teleférico y hasta cruceros por el lago en barcos supuestamente de estilo pirata. Recomendamos pasar una noche y disfrutar de la gastronomía japonesa en un *ryokan* o posada tradicional con baños termales, ies la experiencia perfecta!

La mejor manera de llegar a Hakone es con el tren Romancecar, un *limited express* de la compañía Odakyu desde la estación de Shinjuku hasta la estación de Hakone-Yumoto (1 hora y 25 minutos). Para ello, la mejor opción es comprar un pase Hakone Free Pass, que incluye todos los desplazamientos (aunque si viajas en el Romancecar tienes que pagar el extra de ir en un *limited express*). Alternativamente, también puedes llegar en shinkansen hasta Odawara y desde allí tomar un tren de la línea Hakone-Tozan hasta Hakone-Yumoto (47 minutos), opción ideal si vas con JR Pass, ya que te cubre el primer tramo.

KAWAGUCHIKO

El lago Kawaguchi (o Kawaguchiko en japonés) es el segundo mayor lago de la región de los Cinco Lagos del monte Fuji, por lo que no es de extrañar que la ciudad haya crecido alrededor de la montaña sagrada.

Desde la orilla norte del lago disfrutarás de vistas espectaculares del monte Fuji, especialmente en primavera y en otoño, cuando los árboles de cerezo y el cambio de color de las hojas de los árboles, respectivamente, lo tiñen todo de color.

Cerca puedes obtener dos de las vistas más típicas en la actualidad: el monte Fuji tras la pagoda Chureito y el monte Fuji al final de la calle Honsho en la zona de Fujiyoshida. También puedes disfrutar del ambiente rural de Iyashi no Sato Nemba, un pueblo tradicional con casas de campo y edificios históricos del periodo Edo a los pies del monte Fuji, ¡es espectacular!

La mejor manera de llegar a Kawaguchiko es en tren vía Otsuki. Por ejemplo, desde Shinjuku puedes tomar un tren *limited express* Kaiyu o Azusa, que circulan por la línea Chuo principal hasta Otsuki y allí cambiar a la línea Fujikyuko hasta Kawaguchiko. Hay algunos servicios diarios directos —el llamado Fuji Excursion— desde Shinjuku que no implican cambio en Otsuki.

FUJI

A orillas de la bahía de Suruga, al sur del monte Fuji, se encuentra la zona de Fuji, desde la que se tienen vistas espectaculares —y bastante diferentes— del monte Fuji. Piérdete por la ciudad de Yoshiwara y disfruta de las bonitas vistas del puerto de Shirasu y la zona industrial a los pies del monte Fuji desde el parque Fuji to Minato Mieru Koen. El nombre significa, ni más ni menos, «parque desde el que se puede ver el Fuji y el puerto». Más descriptivo, imposible.

Desde Fujiwara puedes hacer una foto del *shinkansen* pasando por delante del monte Fuji o tomar la línea Gakunan e ir buscando los *Fuji spots*, lugares en los que se ve el monte Fuji. O hasta acercarse a Fujinomiya para ver su museo. Son tres excursiones pintorescas y muy divertidas.

En la gran mayoría de casos, la mejor manera de llegar es tomar la línea de tren bala Tokaido Shinkansen hasta la estación de Mishima y allí cambiar a un tren local de la línea Tokaido convencional hasta la estación de Yoshiwara.

Kofu

A los pies del monte Fuji, ya en la prefectura de Yamanashi, Kofu es el centro de la producción vinícola de Japón. Esto es justamente lo que hace especial esta excursión, porque no hay demasiada producción de vinos en Japón. En cambio, en Kofu encontrarás varias bodegas que abren al público para visitas y degustaciones, como por ejemplo el viñedo Katsunuma, uno de los más famosos de todo Japón.

Aparte de por sus viñedos, Kofu tiene también gran interés histórico, al ser la capital del antiguo dominio de Kai, liderado por Shingen Takeda, importante *daimyo* del siglo XVI cuya presencia se sigue sintiendo con fuerza en la ciudad. Por ello, puedes visitar las ruinas del antiguo castillo de Kofu, la tumba de Shingen Takeda, así como el santuario Takeda, dedicado al señor feudal.

Si dispones de tiempo, te recomendamos adentrarte en la garganta Shosenkyo y tomar el teleférico para disfrutar de preciosas vistas del monte Fuji. Otra opción es relajarte en las aguas termales de Hottarakashi Onsen, también con vistas al monte Fuji.

La mejor manera de llegar a Kofu es en un tren *limited express* Azusa de la línea JR Chuo hasta la estación de Kofu (1 hora y 28 minutos).

Monte Nokogiri

Si te gusta el senderismo y excursiones «diferentes» que ofrezcan multitud de paisajes distintos, la excursión al monte Nokogiri es ideal. Situado en un extremo de la bahía de Tokio, ya en la vecina prefectura de Chiba, el monte Nokogiri esconde la mayor estatua antigua de Buda de todo Japón. Con sus 31,05 metros de alto, supera con creces al Gran Buda de Nara (18,18 metros) y al Gran Buda de Kamakura (13,35 metros).

El camino de senderismo por el monte Nokogiri para alcanzar a ver el Gran Buda y disfrutar de las vistas de la bahía de Tokio no es el único atractivo de esta excursión. El viaje en sí ya es una gozada, porque puedes llegar cruzando la bahía de Tokio en ferri (y, si tienes suerte, disfrutar de vistas al monte Fuji) y volver a la capital en tren vía Chiba.

Situado en un extremo de la bahía de Tokio, ya en la vecina prefectura de Chiba, el monte Nokogiri esconde la mayor estatua antigua de Buda de todo Japón. Mide nada menos que 31,05 metros de alto.

La mejor manera de llegar a Nokogiri es tomar un tren de la línea Keikyu-Kurihama desde la estación de Shinagawa hasta la estación final de Keikyu-Kurihama (1 hora) y allí tomar un autobús hasta el puerto. Una vez en el puerto, tendrás que tomar un ferri a Kanaya (40 minutos) desde donde puedes tomar el teleférico hasta la entrada al monte Nokogiri (5 minutos). Ninguna parte del trayecto está incluida en el JR Pass. Si tienes este pase de tren, te recomendamos tomar un tren de la línea JR Sobu Rapid hasta Chiba (50 minutos) y allí cambiar a un tren de la línea Uchibo hasta la estación de Hama-Kanaya (1 hora y 17 minutos). En ocasiones, hay trenes directos de la estación de Tokio hasta Hama-Kanaya, que te evitan tener que bajarte del tren.

Narita

Si tu vuelo sale desde el aeropuerto internacional de Narita por la tarde o por la noche puedes pasar el día en la ciudad de Narita, situada a poco más de diez minutos del aeropuerto, ¡una excursión ideal! Puedes dejar las maletas en la estación y explorar Narita sin preocupaciones, una manera fantástica de poner punto y final a tu estancia en Tokio.

Pasea por la calle Naritasan Omotesando, llena de tiendas y restaurantes en edificios históricos, te será imposible no comprar nada. Aquí hay desde tiendas de artesanía local, como cestas de bambú, a puestos de *senbei*, deliciosas galletas de arroz. Al final de la calle llegarás al enorme complejo del templo Naritasan Shinshoji. El complejo es tan inmenso, con diferentes pagodas y salones, además de un parque justo al lado, que la visita te tendrá entretenido un buen rato.

Asimismo, ya sea antes o después de visitar el templo, te animamos a comer *unagi* o anguila de agua dulce, una especialidad local, en alguno de los restaurantes de la calle principal. El olor a anguila asada a la parrilla de carbón es difícil de resistir.

La mejor manera de llegar a Narita es tomando un tren *rapid* de la línea Sobu en dirección a la Terminal 1 del aeropuerto de Narita desde la estación de Tokio (1 hora y 9 minutos). Alternativamente, también puedes tomar el tren del aeropuerto Narita Express hasta la estación de Chiba (28 minutos, aunque no todos los Narita Express paran en Chiba) y allí cambiar a un tren local de la línea JR Narita (32 minutos) o tomar un *limited express* de la línea Keisei desde la estación de Nippori hasta Narita (1 hora y 4 minutos).

¡Y mucho más!

Existen muchas más opciones de excursiones de día desde Tokio, según tus intereses y hasta según la época del año en la que viajes. Por ejemplo, si viajas a comienzos de diciembre, quizás te interese visitar Chichibu para disfrutar de su festival nocturno en el que las carrozas se iluminan con decenas de farolillos. Por otro lado, si lo que buscas es combinar playa con aguas termales, te animamos a visitar la cercana Atami. Si te interesan los trenes y/o los bonsáis, Omiya es una excursión ideal. Y si prefieres conocer más sobre la historia naval japonesa (iy comer mucho curry, hamburguesas y tartas de queso, su trilogía de especialidades locales!), Yokosuka es fantástica.

Por otro lado, si tienes algún pase de tren o no te importa hacer excursiones un poco más alejadas, las opciones se multiplican. Teniendo esto en cuenta, te recomendamos una excursión a Matsumoto, para ver su maravilloso castillo y disfrutar del centro de la ciudad y hasta de unos campos de wasabi cercanos.

Otra opción es Nagano, especialmente para ver el fabuloso complejo del templo Zenkoji y quizás acercarte hasta Jigokudani para saludar a los famosos macacos en las aguas termales. También puedes tomar el *shinkansen* e ir a Nagoya para visitar el museo de trenes SCMaglev and Railway Park o el cercano parque Ghibli, entre muchas otras ideas, ya que en tren bala la ciudad no está tan lejos de Tokio como puedes pensar.

Escanea el código para obtener más información sobre las excursiones desde Tokio.

Dónde dormir en Tokio

Al ser la capital, la oferta hotelera de Tokio es numerosa y adaptada para todos los bolsillos. Tanto si intentas controlar el gasto como si quieres darte un lujo porque estás de luna de miel o quieres hacer una celebración especial, hay algo para ti.

Tipos de hoteles

Eso sí, tienes que distinguir entre los diferentes tipos de hoteles que puedes encontrar en Tokio y, por extensión, en todo el resto del país. En primer lugar, tienes albergues (*hostel*, en inglés) que son los de precios más bajos (depende de la temporada, puedes encontrar habitaciones por precios tan baratos como 20 o 25 euros).

Luego podrías optar por algo muy japonés, un hotel cápsula, creados originalmente para los trabajadores japoneses que perdían el último tren de vuelta a casa y se quedaban a dormir en una cápsula. Estos hoteles, que pueden costar alrededor de los 40 euros, están pensados para estar una única noche, por lo que si quieres estar más días tienes que hacer *check-in* cada día. Además de que suelen

tener plantas separadas por sexos, en caso de que viajes en pareja. Algunos, incluso, son exclusivos para mujeres.

Una de las opciones más populares de alojamiento en Japón son los *business hotel*, hoteles situados cerca de las estaciones de tren y metro y pensados para japoneses que viajan por motivos laborales y necesitan una habitación cómoda pero sencilla y sin complicaciones.

Estos hoteles son de pequeño tamaño y tienen *UB* o *Unit Bath*, como lo llaman en Japón, que son baños completos con zona de aseo, retrete y bañera profunda, ideal para un baño al final del día, algo que los japoneses valoran especialmente.

Las principales cadenas de *business hotels* son APA, Toyoko Inn, Daiwa Roynet, Dormy Inn, Sotetsu, etc. Sus precios varían pero pueden rondar alrededor de los 50 o 60 euros (o incluso más baratos fuera de temporada y de los barrios más populares). Muchos de ellos suelen tener

un nombre que añade la estación de tren más cercana y el término japonés *ekimae*, que significa precisamente «delante de la estación», indicando así su conveniente localización.

Luego, por supuesto, tienes grandes cadenas internacionales y también japonesas que ofrecen habitaciones con un rango de precios mucho más variado, con hoteles que van desde una calidad media al gran lujo, que a veces se dispara de precio pero que cuenta con grandes desayunos, zonas de spa y piscina, restauración de alto nivel y todas las comodidades imaginables

Alojamientos tradicionales

Ya que estás en Japón, en concreto en Tokio, te recomendamos intentar pasar alguna noche al menos en algún alojamiento tradicional japonés. Estos lugares son ejemplos perfectos del *omotenashi* o la hospitalidad japonesa y te dejarán una imagen imborrable de tu paso por Japón. Evidentemente, los alojamientos más tradicionales suelen ser más fáciles de encontrar en pueblos balneario o lugares más rurales. Sin embargo, Tokio es tan grande que también puedes encontrarlos en ella. Hablamos de *minshuku* y *ryokan*.

Los *minshuku* son alojamientos parecidos a los *Bed & Breakfast*, donde te alojas en una casa regentada por japoneses y ellos se encargan de cocinar tanto la cena como el desayuno. Son ideales, además, si quieres tener algo de conversación con los propietarios y con otros huéspedes.

Un *ryokan* es el alojamiento tradicional japonés por antonomasia, que además suelen contar con baños termales, que complementan la experiencia a la perfección. Los precios suelen incluir media pensión, generalmente con alta cocina tradicional *kaiseki* en la cena, lo que hace que los precios sean más elevados que en hoteles normales donde puedes escoger sólo el alojamiento. En estos *ryokan* es normal vestir *yukata* (una especie de *kimono* de algodón que te proporcionará el propio establecimiento) y dormir en un futón sobre el suelo de tatami.

Si te apetece vivir esta experiencia, busca en barrios más tradicionales como Asakusa, Ueno o Ningyocho, así como en zonas algo más alejadas o nuevos desarrollos urbanísticos como Takanawa, cerca de Shinagawa.

Apartamentos

Aunque AirBnB también ha llegado a Japón, hace años hubo un cambio de normativa que obligaba a todos los anfitriones a estar registrados con el gobierno para poder ofrecer sus apartamentos.

Por eso, más que apartamentos listados en este popular servicio, en Japón han surgido cadenas de apartahoteles o apartamentos gestionados, ideales porque cuentan con recepción abierta 24 horas, servicio de limpieza (aunque no diaria) pero tienen las ventajas de un apartamento, al disponer de más habitaciones, lavadora, cocina, etc.

BUSCA HOTELES CERCA DE ALGUNA ESTACIÓN

Tokio es una ciudad muy, muy grande, aunque muy bien conectada con transporte público. Por eso siempre recomendamos escoger un hotel que quede lo más cerca posible de una estación de tren o de metro (dentro de que se adapte a tu presupuesto). De esta forma no perderás tiempo caminando hacia el hotel o comenzando tu jornada turística y podrás aprovechar el tiempo al máximo.

Las mejores zonas para alojarse en Tokio

Cualquiera de los barrios especiales que hemos mencionado como básicos son ideales para dormir en Tokio, porque en todos ellos hay una gran cantidad de restaurantes, muchos lugares de interés turístico y una oferta hotelera variada y apta para todo tipo de viajeros.

Por supuesto, también depende de cuántos días pases en Tokio y de si es al principio o al final de tu viaje por Japón. Porque cuando llegas, aunque estés cansado por el vuelo y el jet lag, no suele importar tanto moverse por la ciudad hasta llegar a tu hotel.

Sin embargo, si estás en Tokio en las últimas noches de tu viaje, puede ser interesante reservar algún hotel desde donde tengas un desplazamiento conveniente al aeropuerto. Así, si vuelas desde Haneda te recomendamos reservar un hotel cerca de alguna estación del monorraíl de Tokio, de la línea Asakusa de metro o de la estación de Shinagawa. En caso de que lo hagas desde Narita, lo mejor es estar cerca de alguna estación por la que pase el Narita Express o el Skyliner de Keisei. Te damos opciones a continuación.

Si quieres ir a Haneda en monorraíl, toda la zona alrededor de la estación de Hamamatsucho es muy conveniente, porque es el comienzo de la línea. Además, cerca tienes los preciosos jardines Kyu-Shiba-Rikyu, uno de los dos jardines del periodo Edo que todavía puedes visitar en Tokio.

Asakusa es otra opción maravillosa si tu vuelo llega o sale desde Haneda.

Aquí no sólo tienes una gran cantidad de puntos de interés turístico, sino que por la línea Toei Asakusa de metro pasan trenes exprés llamados Airport Express de la compañía Keikyu que circulan por las vías del metro y, una vez llegan al final de la línea, continúan por las vías propias de Keikyu hasta el aeropuerto de Haneda. Por ello, el trayecto desde o hasta Asakusa es muy cómodo y conveniente.

Finalmente, una última opción para llegar a Haneda en tren es alojarse en los alrededores de la estación de Shinagawa, desde donde también hay trenes de la compañía Keikyu que te llevan al aeropuerto en pocos minutos.

En caso de que vueles desde el aeropuerto de Narita, si quieres usar el Narita Express puedes alojarte alrededor de la estación de Tokio, donde encuentras hoteles de precio razonable en el lado Yaesu de la estación, aunque la oferta es algo limitada. En el lado Marunouchi de la estación tienes varios hoteles de lujo, para ocasiones especiales. También son interesantes Shinagawa, Shibuya y Shinjuku, ya que también tienen parada del Narita Express —y con una oferta hotelera algo más amplia—.

Si vas a usar el tren Skyliner de la compañía Keisei te recomendamos la zona de Ueno, que es el comienzo de la línea y que puedes extender hasta las cercanas Okachimachi y Uguisudani. También te sirve la zona de Nippori, donde también para el Skyliner y suele ser algo más económica. Además, tendrás toda la fantástica zona de Yanesen muy cerca.

Luego, por supuesto, tienes que tener en cuenta tu presupuesto. Ciertos barrios como Shinjuku o Shibuya, sobre todo si quieres estar cerca de las estaciones, pueden tener precios de alojamiento más elevados por lo populares que son. Puedes buscar alternativas que estén cerca de estaciones de la línea Yamanote de JR pero donde encuentres precios más baratos, aunque te implique un desplazamiento algo mayor hasta el aeropuerto. Meguro, Gotanda, Otsuka, Sugamo, Komagome, Tabata o Nishi-Nippori pueden ser buenas alternativas que también están bien conectadas.

Dado que Tokio es una ciudad amplia y relativamente segura, la opciones de alojamiento son múltiples y variadas, por lo que es fácil encontrar un hotel que cumpla con tus requisitos y el presupuesto que desees.

RESERVA TUS HOTELES CON JAPONISMO

Todos los tipos de alojamientos que te hemos mencionado los puedes reservar vía Japonismo, con filtros que te permiten seleccionar el tipo de hotel o apartamento que quieres, la zona, el número de estrellas y más.

Escanea el código para ver hoteles recomendados y usar nuestro buscador.

Festivales en Tokio

A lo largo del año se celebran por todo Japón miles de *matsuri*, festivales comunitarios con despliegue de *mikoshi* o altares portátiles (en los que se transfieren y pasean las deidades de los santuarios), carrozas profusamente decoradas y todo tipo de trajes tradicionales y demostraciones folclóricas y artísticas.

Los tres grandes festivales de Edo

Tres de los grandes festivales de la ciudad llevan celebrándose en Tokio desde que ésta se llamaba Edo (1600-1868). Son el festival Kanda y el festival Sanno, que se celebran en años alternos, así como el festival Fukagawa Hachiman.

En años impares se celebra durante el mes de mayo el Kanda Matsuri, un festival organizado por el santuario Kanda Myojin, cerca de Akihabara. Comenzó a celebrarse a principios del periodo Edo para conmemorar la victoria de Tokugawa Ieyasu en la batalla de Sekigahara. Durante el día álgido del festival se pueden contar más de un centenar de *mikoshi* o altares portátiles, de gran calidad artística, que salen en procesión hacia el santuario.

CHINOWA, EL CÍRCULO DE LA PURIFICACIÓN

Durante los meses de junio y comienzos de julio verás frente al salón principal de muchos santuarios sintoístas un gran círculo hecho de paja. Se trata del círculo *chinowa*, un anillo de paja que, según las creencias sintoístas, nos ayuda a purificarnos para hacer frente a la segunda mitad del año y deshacernos de enfermedades y malos augurios. No puedes cruzar el *chinowa* de cualquier forma: existe un ritual específico que te obliga a cruzarlo dibujando la forma del símbolo de infinito, girando primero hacia la derecha y luego hacia la izquierda, saludando a las deidades cada vez que pasas por el centro.

Si visitas Tokio durante la celebración del Sanno Matsuri, verás justamente este círculo *chinowa* frente al salón principal del santuario Hie, lugar de inicio de la gran mayoría de celebraciones.

En años pares, por otro lado, se celebra durante el mes de junio el Sanno Matsuri, un festival organizado por el santuario Hie, en la zona de Akasaka. El santuario Hie es de gran importancia para la ciudad porque alberga la deidad guardiana de Tokio. Además, el festival comenzó a organizarse durante el periodo Edo para celebrar el establecimiento de la ciudad de Edo como centro político de Japón.

De hecho, la procesión de *mikoshi*, que dura todo el día, llega a detenerse brevemente frente al Palacio Imperial como muestra de respeto, y allí acude el sacerdote principal para realizar una ceremonia especial. Por ello, el festival, con una larga procesión de *mikoshi* por el centro de Tokio, es muy estimado por todos los tokiotas.

El tercer gran festival de Edo es el Fukagawa Hachiman Matsuri, organizado por el santuario Tomioka Hachimangu, situado en el barrio de Monzen-Nakacho. Se celebra todos los años sobre mediados de agosto, en plena festividad del Obon y es un ejemplo perfecto de *mizu-kake matsuri* o «festival del vertido de agua».

Esto es así porque participantes y espectadores echan agua a los *mikoshi*, no sólo para purificarlos, sino también para refrescar a las deidades que se cobijan en su interior. Dado que en agosto el calor y la humedad en Tokio son altas, no es de extrañar que el vertido de agua sea un momento de exaltación y jolgorio para los portadores de *mikoshi* y espectadores del evento. El sentimiento de pertenencia a la comunidad, en este festival, es muy alto.

El festival comenzó a celebrarse a mediados del siglo XVII y, durante su celebración, puedes ver expuesto en el complejo del santuario el gran Gohonsha Ichinomiya Mikoshi, un altar portátil de más de 4 toneladas de peso, hecho de oro y decorado con diamantes, zafiros y rubíes. Es demasiado pesado —y valioso,

SANJA MATSURI, EL CUARTO FESTIVAL

Mención aparte merece el festival Sanja Matsuri, considerado por muchos otro de los grandes festivales sintoístas de Tokio. Este festival se celebra el tercer fin de semana de mayo en el santuario de Asakusa —no confundir con el templo Sensoji, también en Asakusa— y es, probablemente, uno de los festivales más tumultuosos y enérgicos de todo Japón. Durante el festival se portan los tres *mikoshi* del santuario, cada uno de los cuales pesa una tonelada y necesita más de 40 personas para llevarlo, así como otro centenar de pequeños *mikoshi*. Pero quizás una de las cosas que más llaman la atención es la participación de geishas de Tokio, así como miembros de la *yakuza*, la mafia japonesa, quienes muestran orgullosos sus tatuajes.

El festival está dedicado a los *kami* o deidades de los tres hombres que encontraron la estatua de Kannon que llevó a la construcción del templo budista Sensoji en el barrio de Asakusa. Se celebra desde mediados del siglo XVII cuando el *shogun* Tokugawa Iemitsu solicitó la construcción del santuario de Asakusa al norte del complejo del templo.

probablemente— para sacarlo en procesión durante el festival, pero al menos puedes verlo expuesto.

Festivales de primavera

La floración de los cerezos es un momento de especial importancia para los japoneses, que acuden a jardines, parques, castillos, templos y santuarios para disfrutar de la belleza efímera de la *sakura*, la flor del cerezo.

Todos los años, la Agencia Meteorológica de Japón publica una previsión y hace un seguimiento exhaustivo de la floración, pero, por norma general, los cerezos florecen en Tokio a finales de marzo. Cuando florecen, muchos lugares se iluminan de manera especial para que puedas disfrutar de la belleza de los cerezos tanto de día como de noche.

Haz un pícnic bajo los cerezos en flor en el parque de Ueno, en los jardines Shinjuku Gyoen, en el parque Koganei o en el parque Asukayama y toma el Sakura Tram para disfrutar de los cerezos desde el tranvía. Pasea bajo los cerezos en flor por Nakameguro o Roppongi. Alquila una barca para ver los cerezos desde el agua del foso Chidorigafuchi o el estanque del parque Inokashira. O disfruta de un crucero maravilloso para ver los cerezos en las márgenes del río Sumida en Asakusa y por la zona de Monzen-Nakacho.

Otros festivales de primavera interesantes, que celebran la floración de otras flores más allá del cerezo, son el Bunkyo Tsutsuji Matsuri o festival de las azaleas del santuario Nezu (abril y

¿CUÁNTO DURAN LOS CEREZOS EN FLOR?

Generalmente, cuando los cerezos comienzan a florecer hasta el pico de máxima floración pasan unos 5-7 días. Luego, las flores se caen en un plazo de otros 5-7 días, con lo que en total hay entre 10 y 14 días, a lo sumo.

Ten en cuenta, de todas formas, que esto no implica que las flores estén iguales durante todo este periodo, porque si te acercas al comienzo de la floración, muchos capullos aún estarán sin abrir. Además, en las fechas de floración a veces hay vientos fuertes o lluvias, lo que puede hacer que las flores caigan antes de lo esperado.

mayo); el Fuji Matsuri o festival de las glicinas en el santuario Kameido Tenjin (abril y mayo); y el Botan Matsuri o festival de peonías del santuario Ueno Toshogu del parque de Ueno (abril y mayo). Además, te recomendamos pasear por el parque Showa Kinen Koen, al oeste de Tokio, para disfrutar de las flores de cerezo, las *nemophilas* y los tulipanes, por ejemplo.

En excursión de día desde Tokio también puedes disfrutar de festivales maravillosos de flores. Por ejemplo, acércate al parque Go-gendo de Saitama para fotografiar una estampa perfecta con flores de colza y flores de cerezo en un mismo lugar. O acércate a los pies del monte Fuji, donde se celebra el Fuji Shibazakura Matsuri (finales de abril), para ver las más de 500 000 *shibazakura* cerca del lago Motosu.

Finalmente, también es importan-te anotar que el 8 de abril se celebra en muchos templos budistas de Japón el festival Hana Matsuri (festival de las flores) para conmemorar el naci-miento de Buda. Para la ocasión, se colocan altares de flores y se decoran los templos con decenas de flores de todo tipo. Compruébalo en el templo Sensoji de Asakusa, por ejemplo.

Asimismo, la primavera termina con la temporada de lluvias del mes de junio, la floración de las horten-sias y varios festivales dedicados a la observación de las luciérnagas. En Tokio, acércate al jardín tradicional del hotel Chinzanso, por ejemplo, donde hay unas 600 luciérnagas que puedes observar desde mediados de mayo hasta finales de junio. O disfruta del festival Kugayama Hotaru Matsuri, que se celebra al sureste de Kichijoji.

El 8 de abril se celebra en muchos templos budistas de Japón el festival Hana Matsuri, para conmemorar el nacimiento de Buda.

Festivales de verano

Además de los grandes festivales sintoístas mencionados anteriormente, durante el verano tokiota se celebran muchos más festivales. Así, el 7 de julio se celebra Tanabata, la festividad de las estrellas que recuerda la historia de los enamorados Orihime y Hikobo-shi, condenados para siempre a estar separados y que sólo pueden verse una noche al año, la del 7 de julio.

Por ello, durante el fin de semana más cercano al 7 de julio se celebra el Shitamachi Tanabata Matsuri en la zona de Kappabashi, entre Ueno y Asakusa. Otra opción es el Asagaya Tanabata Matsuri, que se celebra en la zona de Asagaya (al oeste de Shinjuku) de comienzos a mediados de agosto.

Además, durante los meses de julio y agosto muchos barrios, templos y santuarios organizan sus grandes festivales de verano. Por ejemplo, el último fin de semana de julio puedes participar en el Kagurazaka Matsuri de Kagurazaka, cerca de Iidabashi. Asimismo, en el primer fin de semana de agosto disfrutarás del Nakameguro Natsu Matsuri, el festival de verano de Nakameguro y del Furusato Kumin Matsuri, en el barrio de Setagaya. A finales de agosto, por otra parte, podrás disfrutar del Kameido Tenjin Reitaisai, el gran festival de verano del santuario Kameido Tenjin.

Asimismo, durante el Día de Mar (tercer lunes de julio) se celebra en Odaiba el Umi no Akari Matsuri o festival de los farolillos durante el cual se encienden cientos de faroli-llos de papel en la playa de Odaiba.

FESTIVALES DE OBON

El 15 de julio —según el calendario lunar— o el 15 de agosto —si se sigue el calendario solar— se celebra el Obon. Según la tradición budista, durante esta festividad se permite a las almas de los difuntos salir del mundo de los muertos y reunirse temporalmente con sus familiares en el mundo de los vivos. Por ello hay muchas ceremonias en honor a los ancestros: los japoneses vuelven a sus hogares familiares, limpian las tumbas de sus fallecidos, hacen ofrendas en el altar familiar y bailan bailes Bon Odori, felices por reencontrarse con sus seres queridos, en calles, parques y templos de la ciudad.

El Bon Odori es un baile popular que se realiza alrededor de una *yagura* o pequeño escenario donde se encuentran los músicos y, en ocasiones, los bailarines principales. Cualquiera puede participar, simplemente busca un hueco en los círculos que se crean alrededor del escenario e imita los movimientos de los demás. Pruébalo en el templo Zojoji, el templo Tsukiji Honganji, el santuario Kanda Myojin, el santuario Yasukuni y en los barrios de Ebisu o Nakano, por ejemplo.

A menudo, Obon suele recibir el nombre de «festival de los farolillos». Esto es porque los farolillos (y el fuego, en general), guían a las almas desde y hacia el mundo de los vivos. Por ello, durante el Obon se colocan muchos farolillos en cementerios, parques y casas y hay muchos festivales de farolillos como el Mitama Matsuri en el polémico santuario Yasukuni (mediados de

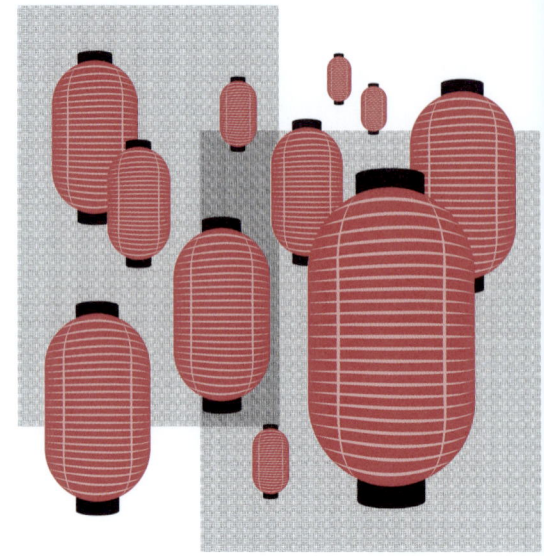

julio) o las ceremonias Toro Nagashi en el foso Chidorigafuchi (finales de julio) y en el río Sumida a la altura de Asakusa (mediados de agosto).

FESTIVALES DE BAILE

Durante el verano se celebran en Tokio muchos festivales de baile. De todos ellos, uno de los más concurridos es el Koenji Awa Odori. Se celebra el último fin de semana de agosto en el barrio de Koenji, al oeste de Tokio y es el mayor festival de bailes *awa* fuera de Tokushima (isla de Shikoku), donde se celebra el festival original.

Durante el festival, centenares de participantes desfilan por las calles principales de Koenji ataviados con trajes tradicionales, haciendo demostraciones de bailes *awa*. Fíjate en los pies de las bailarinas que van en *yukata*. A pesar de calzar *geta* de madera y estar casi todo el rato de puntillas, parecen flotar sobre el asfalto. Otros Awa Odori que se celebran en Tokio son el de Shimokitazawa, a mediados de agosto, o el de Otsuka, a finales de agosto.

Asimismo, otro festival de baile de interés es el Harajuku Super Yosakoi. Se celebra el último fin de semana de agosto en la zona de Harajuku y Omotesando, es decir, junto al parque Yoyogi y el santuario Meiji y, como su propio nombre indica, está dedicado a la danza *yosakoi*.

FESTIVALES DE FUEGOS ARTIFICIALES

Otro de los eventos clave del verano tokiota son las competiciones o demostraciones de *hanabi* o fuegos artificiales. A los japoneses les encanta vestir *yukata*, comprar comida callejera en alguno de los puestos de comida y disfrutar de espectáculos pirotécnicos sin igual.

El último sábado de julio puedes disfrutar de los fuegos artificiales del río Sumida (Sumidagawa, en japonés), una de las mayores competiciones de fuegos artificiales de Japón. Se celebra desde comienzos del siglo XVIII y es un gran espectáculo de pirotecnia de hora y media de duración —sí, has leído bien— que reúne a miles de personas en las márgenes del río Sumida.

Otra de las grandes demostraciones de pirotecnia en Tokio es el Edogawa Hanabi Taikai, los fuegos artificiales del río Edo que se celebran el primer sábado de agosto. Siéntate en las márgenes del río Edo por la zona del parque Toritsu Shinozaki y disfruta de hora y cuarto de fuegos artificiales.

Otros grandes eventos de fuegos artificiales son los de Adachi, los de Itabashi, los de Jingu Gaien o los de Katsushika, por ejemplo.

Festivales de otoño

Otoño comienza con el Tsukimi, la fiesta de contemplación de la luna llena de la cosecha o primera luna llena del otoño que, supuestamente, es la más bonita del año. Es una festividad que se suele celebrar en privado, aunque puedes comer Tsukimi Dango y contemplar la luna llena desde la Torre de Tokio, por ejemplo, que ese día luce una iluminación especial.

Asimismo, durante los meses otoñales se celebran muchos festivales relacionados con la cosecha. Por ello, entre septiembre y noviembre disfrutarás de festivales en el santuario Kitazawa Hachimangu (Setagaya), el santuario Nezu (Nezu), el santuario Akagi (Kagurazaka), el santuario Shiba Daijingu (Hamamatsucho) y en los barrios de Kichijoji e Ikebukuro.

Asimismo, si estás en Tokio el segundo lunes de octubre, te recomendamos acercarte al santuario Ana Hachimangu, donde desde 1728 se celebra el Takadanobaba Yabusame, una demostración de *yabusame* o arquería montada tradicional japonesa. Es una ocasión única de ver *yabusame* en el centro de Tokio, ¡no te lo pierdas!

FERIA DEL GALLO

Durante los días del gallo de noviembre se celebra en varios lugares de Tokio el Tori no Ichi, un mercadillo de fin de año en el es tradicional comprar un *kumade*, un rastrillo de la suerte. El mayor de todos es el Tori no Ichi de Asakusa, seguido del Tori no Ichi de Shinjuku. Pero tienes otros mercadillos Tori no Ichi en distintos puntos de la ciudad como Tsukiji, Monzen-Nakacho o Ningyocho, por poner tan sólo unos ejemplos.

Escanea el código para comprobar en qué otros lugares se celebra el Tori no Ichi en Tokio.

FESTIVALES DE MOMIJI

El rey del otoño japonés es el *koyo* o *momiji*, el cambio de color de las hojas de los árboles, especialmente del arce japonés y del ginkgo. Los japoneses acuden a jardines, parques, templos y santuarios, como ya hicieran en primavera, para disfrutar de este colorido espectáculo de la naturaleza. Para la ocasión se amplían horarios de visita y se organizan eventos e iluminaciones especiales (aunque con entrada que tienes que comprar aparte). De esta manera, se puede disfrutar de los maravillosos paisajes otoñales durante todo el día.

Hay decenas de lugares preciosos en los que disfrutar del cambio de color de las hojas en Tokio. Pasea por jardines de estilo clásico como los jardines Koishikawa Korakuen o disfruta de diferentes ambientes en los jardines Kyu-Furukawa o los jardines Shinjuku Gyoen, por ejemplo. Acércate hasta el templo Gotokuji, conocido por sus centenares de figuritas de *maneki-neko*, los gatitos de la suerte, para ver su enorme pagoda rodea-

da de arces. Piérdete por el parque Inokashira o el parque Yoyogi o descubre rincones increíbles en los jardines Tonogayato Teien y el santuario Nezu, por poner sólo algunos ejemplos. De noche, te recomendamos especialmente las iluminaciones nocturnas de los jardines Rikugien, en pleno centro de Tokio. Son unos jardines maravillosos en cualquier momento del año pero, de noche, cuando las hojas de arce están en su máximo esplendor, es simplemente espectacular.

Finalmente, si prefieres ver el amarillo intenso de los ginkgos, acércate a la avenida Meiji Jingu Gaien o al campus Hongo de la Universidad de Tokio. Ambos lugares te dejarán sin palabras.

Festivales de invierno

Con el comienzo del invierno los tokiotas se preparan para la llegada del Año Nuevo, una de las festividades más importantes del año japonés. Si pasas Nochevieja en Tokio, cómprate un máscara de zorro y disfruta del Oji Kitsune-no-Gyoretsu, el desfile de los zorros de Oji. A medianoche, acude al templo Zojoji o al templo Sensoji para el ritual del Joya no Kane, las 108 campanadas budistas y, en Año Nuevo, júntate con millones de tokiotas en el Hatsumode, la primera visita al templo o santuario del año. Puedes ir al santuario Meiji o al templo Sensoji, por ejemplo, para comprar amuletos para el año que acaba de empezar y disfrutar del ambiente, aunque sólo si las multitudes no te incomodan, porque hay mucha, mucha gente.

A principios de año se celebra también el ritual Dezome-shiki, una muestra de habilidades y acrobacias del cuerpo de bomberos de Tokio. Los bomberos, vestidos con trajes típicos del periodo Edo, realizan todo tipo de acrobacias sobre cañas y escaleras de bambú. Además, realizan simulacros de emergencia, desfilan camiones de bomberos por las calles y helicópteros y barcos de servicio realizan exhibiciones varias.

Asimismo, a mediados de diciembre y otra vez a mediados de enero, se celebra el gran mercadillo de antigüedades Setagaya Boroichi, uno de los grandes mercadillos de Tokio que lleva celebrándose en el barrio de Setagaya desde 1578. Si buscas cerámicas, kimonos y todo tipo de antigüedades, éste es tu lugar.

Otro festival que no puedes perderte si estás el 14 de diciembre en Tokio es el Ako Gishisai, un festival en honor a la leyenda de los 47 *ronin* que se celebra en el templo Sengakuji, justamente donde se encuentran sus tumbas.

Los tokiotas se despiden del invierno con las celebraciones del Setsubun (el 3 de febrero, aunque a veces es el 2 o el 4, según el año), momento en el que se lanzan judías de soja mientras se grita *Oni wa soto, Fuku wa uchi* («fuera los demonios, que entre la fortuna»). Puedes participar en las celebraciones del templo Sensoji o el templo Zojoji, por ejemplo, aunque también merece la pena el desfile de los *tengu* (una criatura mitológica de larga nariz) de Shimokitazawa.

Finalmente se pone punto y final al invierno con la floración del ciruelo a mediados de febrero. Santuarios dedicados a Tenjin y un montón de parques y jardines celebran festivales especiales para que los tokiotas disfruten de una floración que anuncia la llegada de la primavera.

A principios de año se celebra también el ritual 'Dezome-shiki', una muestra de habilidades y acrobacias del cuerpo de bomberos de Tokio.

Escanea el código para leer más información sobre festivales en Japón.

Onsen en Tokio

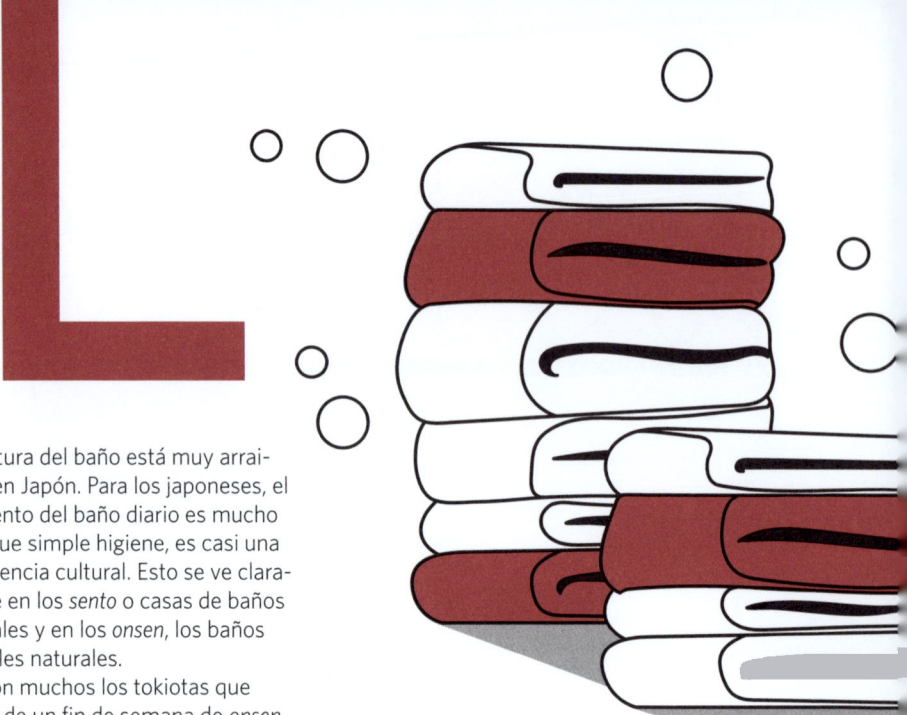

La cultura del baño está muy arraigada en Japón. Para los japoneses, el momento del baño diario es mucho más que simple higiene, es casi una experiencia cultural. Esto se ve claramente en los *sento* o casas de baños vecinales y en los *onsen*, los baños termales naturales.

Son muchos los tokiotas que gozan de un fin de semana de *onsen* en lugares cercanos como Hakone o Atami, por ejemplo, para disfrutar de las aguas termales y la naturaleza. Pero lo cierto es que en la propia ciudad hay varias fuentes de aguas termales naturales, así como baños vecinales maravillosos que te ofrecen una experiencia total.

Uno de los nuevos desarrollos que merece la pena explorar es Toyosu Senkyaku Banrai, una especie de parque temático dedicado a las aguas termales cerca del mercado de Toyosu. Puedes vestir en kimono, pasear por una recreación del Japón del periodo Edo y disfrutar de tiendas, restaurantes y aguas termales, todo en uno. Otra opción es Haneda Airport Garden, un enorme complejo comercial abierto 24 horas con tiendas, restaurantes y dos hoteles con *onsen* y *rotenburo* o baño termal al aire libre (abiertos a no huéspedes también) al lado del aeropuerto de Haneda. Ideal para aquellos que aterricen o despeguen desde aquí.

Por otro lado, si quieres algo más tradicional, te recomendamos Niwa no Yu, situado en el lugar donde en el pasado se encontraba el parque de atracciones Toshimaen (hoy ocupado por el parque temático dedicado a Harry Potter del que te hablamos más adelante) o Tokyo Somei Onsen Sakura, en el tradicional barrio de Sugamo.

Si quieres algo más moderno puedes acercarte hasta LaQua, un enorme complejo de aguas termales en los alrededores del estadio Tokyo Dome.

Otra opción es disfrutar del ambiente retro de muchos *sento* o casas de baños vecinales de Tokio. Daikokuyu, a los pies de la torre Tokyo Skytree o Saya no Yudokoro, al norte de Ikebukuro, son ideales.

Escanea el código para leer más información sobre *onsen* en Tokio.

ONSEN Y TATUAJES

Si tienes tatuajes, es posible que no te dejen entrar en muchas casas de baños. Si tus tatuajes son pequeños, puedes cubrirlos fácilmente con unas *tattoo-covers* que venden en muchas tiendas en Japón (y hasta en muchas casas de baños). Pero si tus tatuajes son más grandes, tendrás que preguntar con antelación cuál es la política de acceso del local en cuestión. Cada vez hay más *sento* y *onsen* que permiten la entrada de personas tatuadas, pero tenlo en cuenta para evitarte sorpresas desagradables.

Ocio en Tokio

Parques temáticos

Si visitas Tokio, te recomendamos dejarte algún día para disfrutar de sus parques temáticos. Los más famosos son los dos parques de Disney, Tokyo Disneyland y Tokyo DisneySea, que es el único parque Disney del mundo con el agua como temática principal.

En realidad estos parques se encuentran en Maihama, en la vecina prefectura de Chiba, pero hay tren de JR directo desde la estación de Tokio y cada día los trenes van llenos de japoneses y visitantes con ganas de pasar un rato divertido. Entre los japoneses que van en grupo o en pareja es típico ir vestidos de forma coordinada, así que si quieres integrarte como un japonés más, haz lo propio o aprovecha y compra camisetas y gorros a juego en las muchas tiendas de los parques.

Otro parque interesante es el Warner Bros. Studio Tour, The making of Harry Potter, abierto en 2023 en los terrenos del antiguo parque de atracciones Toshimaen. De hecho, las estaciones de metro y de la compañía Seibu de Toshimaen son las más cercanas al parque. Si has visto los estudios de Warner Bros a las afueras de Londres, es la misma experiencia (aunque incluso más grande). En cualquier caso, es una visita obligada para cualquier *potterhead* que quiera disfrutar del universo del mago, beber una cerveza de mantequilla y comprar algún objeto relacionado en sus múltiples tiendas.

También de interés son Sanrio Puroland, situado en Tama (Tokio occidental) y dedicado a los personajes de esta compañía —de entre los cuales

PALOMITAS DE SABORES Y PALOMITEROS COLECCIONABLES

Algo que los japoneses disfrutan enormemente en estos parques, además de las propias atracciones, son las palomitas de sabores. En la aplicación para móvil de Disney y en su web puedes encontrar dónde están los puntos de venta y qué sabores tienen, desde saladas a dulces, con combinaciones tan peculiares como gambas al ajillo, curry, salsa de soja con mantequilla, té con leche, queso cheddar... ¡querrás probarlas todas! Además, es popular comprar un palomitero, que son coleccionables. Hay algunos que siempre están disponibles y tienen formas relacionadas con personajes clásicos de Disney. Otros son ediciones limitadas que no siempre están, como un droide BB-8 de la trilogía más nueva de Star Wars, un Rayo McQueen de Cars, una caja del juguete Buzz Lightyear, y mucho más. Si ya has comprado uno —o lo llevas de algún viaje anterior—, comprar palomitas es más barato porque sólo compras la recarga de tu palomitero. Si no, tendrás que comprar las palomitas junto con el recipiente, pero al menos te llevarás un curioso recuerdo.

Hello Kitty es el más conocido—. Ya en la prefectura de Saitama, pero no muy lejos de Tokio, tienes Moominvalley Park, un parque temático dedicado a los personajes Moomin creados por el artista finlandés Tove Jansson y de gran popularidad en Japón. Tanto es así que este parque, abierto en 2019, es el primero del mundo dedicado a sus personajes fuera de Finlandia.

Finalmente, en la cercana prefectura de Yamanashi, te recomendamos Fuji-Q Highland, en plena zona de los Cinco Lagos del monte Fuji. Es uno de los parques de atracciones más populares de Japón por su localización a los pies de la montaña más sagrada del país y, sobre todo, por sus montañas rusas, que atraen a japoneses y extranjeros por igual.

Eso sí, si buscas algo menos moderno pero con el encanto de lo tradicional, no pases por alto Hanayashiki, en pleno barrio de Asakusa. Este parque de atracciones, abierto desde 1853, se dice que es el más antiguo de Japón. Evidentemente, estando encajado en este barrio tradicional, su tamaño es pequeño y, además, resulta algo caro para lo que ofrece, pero no vas a encontrar un parque de atracciones con tanto encanto en todo Japón.

> **Fuji-Q Highland es uno de los parques de atracciones más populares de Japón por su localización a los pies de la montaña más sagrada del país y, sobre todo, por sus montañas rusas.**

Museos y centros de arte

Tokio dispone de decenas de museos interesantes, desde pequeños museos locales que te muestran la historia de un barrio concreto a espectaculares museos de arte, modernos museos de arte digital y museos dedicados al mundo del *manga* y la animación japonesa.

Ya hemos hablado de algunos de ellos en la sección de Ueno, donde destacan especialmente el Museo Nacional de Tokio y el Museo Nacional de Arte Occidental, por ejemplo, además del Museo Nacional de Ciencia o el Museo Shitamachi. También hemos mencionado algunos en la sección de Roppongi, con grandes museos de arte como el Centro Nacional de Arte, el Museo Mori o el Museo de Arte Suntory, así como en otras secciones, mencionando los museos que hay aquí y allá, como por ejemplo en Ryogoku y Odaiba.

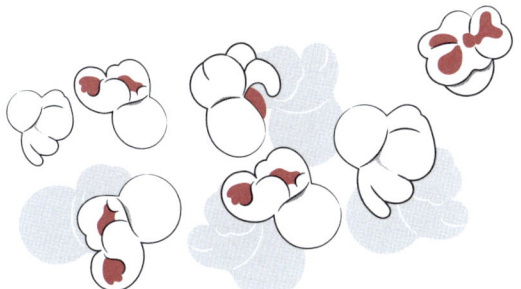

Otros museos destacados en Tokio son los ya mencionados teamLab Borderless (en Azabudai Hills) y teamLab Planets (en Toyosu), dos museos digitales del colectivo de arte digital teamLab, así como el Museo Nezu (en Omotesando, en un precioso edificio de Kengo Kuma) y el museo de Yayoi Kusama (cerca de Kagurazaka). Para los fans del *manga* y el *anime*, destacamos el Museo Ghibli (en Kichijoji), el Museo del Manga Tokiwaso y el Museo de Animación Toei (al oeste de Ikebukuro).

Otros museos interesantes son el Museo de los Parásitos de Meguro (cerca de Nakameguro), el Museo de la Policía Metropolitana de Tokio (en Yurakucho) o el Museo de la Fotografía (en Ebisu).

Si te gustan los trenes, en la zona de Edogawa tienes el Museo de Tokyo Metro, aunque no es el único museo de estas características que puedes disfrutar. Ya a las afueras de Tokio, en Omiya (Saitama), se encuentra The Railway Museum, un enorme museo ferroviario gestionado por JR East que ahonda en la herencia y la historia industrial del desarrollo del sistema ferroviario tanto en Japón como en el resto del mundo. También a las afueras de Tokio, en Ebina y fácilmente accesible desde Shinjuku, puedes visitar el Museo del Romancecar, dedicado a este icónico tren de la compañía Odakyu.

Comer en Tokio

Existen miles de restaurantes, bares e *izakaya* en todo Japón. Desde cadenas de comida rápida y restaurantes especializados en un único plato (como Coco Ichibanya para curry japonés o Yoshinoya para *gyudon*), a pequeños restaurantes de barrio, cadenas de *izakaya* (como Isomaru Suisan), restaurantes familiares, restaurantes con menú de mediodía, barras de sushi, tempura o *teppanyaki* y cadenas especializadas en carne a la parrilla *yakiniku* o *ramen* (como Gyu Kaku o Ichiran, respectivamente).

Asimismo, hay muchos locales situados bajo las vías del tren, como por ejemplo en Yurakucho, Shinbashi

MONJAYAKI, EL PLATO DE TOKIO

Uno de los platos más populares de Tokio es el *monjayaki*, el primo hermano del *okonomiyaki* del que te hablamos con más detalle en nuestro primer libro. Hay multitud de restaurantes de *monjayaki* por Tokio, especialmente en Tsukishima, su lugar de origen, y en Asakusa, así como cadenas especializadas como Moheji.

o al norte de Akihabara. Callejones llenos de restaurantes como Omoide Yokocho en Shinjuku o el curioso Tokyo Ramen Street en los bajos de la estación de Tokio. Luego hay barrios con muchísimo ambiente, con terrazas y tabernas clásicas como Asakusa, donde lo tradicional es tomar un *hoppy* (una bebida no alcohólica con sabor a cerveza que se suele mezclar con *shochu*) y compartir unas tapas en un ambiente singular.

Si quieres sushi, te recomendamos pasear por la zona del antiguo mercado de Tsukiji o acercarte hasta el nuevo mercado de Toyosu, pues muchos de los restaurantes clásicos de Tsukiji trasladaron sus locales al nuevo mercado.

Otra opción, cuando no sabes qué o dónde comer, es subir a las plantas superiores de los grandes almacenes. En ellas suele haber muchos restaurantes, así que es fácil elegir. Si vas con presupuesto limitado, en las plantas subterráneas de estos mismos centros comerciales, llamadas en japonés *depachika*,

VEGANOS, CELÍACOS Y ALERGIAS

Los restaurantes japoneses han sido algo lentos en adaptar sus cartas para informar de alérgenos o en ofrecer opciones sin gluten, pero cada vez hay más opciones, especialmente gracias a la popularización de restaurantes veganos y restaurantes halal, mucho más conscientes de necesidades especiales. Usa una app específica de restaurantes veganos (tipo HappyCow) para localizar opciones fiables en tu recorrido.

suele haber siempre una sección de platos preparados y puestos con espectaculares opciones dulces.

La mayoría de los restaurantes no funcionan con sistema de reserva, sino que simplemente vas y, si están llenos, haces cola en la entrada hasta que se libere algún espacio. De hecho, esta es la forma más normal de gestionar la afluencia de comensales a los restaurantes japoneses, salvo que sean restaurantes de alta cocina y de estrella Michelin.

También es muy típico que muchos restaurantes tengan máquinas de tickets en la entrada. Simplemente decide qué quieres comer, saca el ticket en la máquina y entrégaselo al camarero al sentarte. Otros restaurantes disponen de carta electrónica en la mesa, que suele estar en varios idiomas y es ideal para pedir si no sabes japonés.

Gastronomía internacional

Con una ciudad con más de 160 000 restaurantes, lo raro es que no encuentres alguna opción que te guste. Y si la gastronomía popular japonesa en algún momento se te hace repetitiva o buscas perfiles de sabor occidentales o de otros países asiáticos (o realmente de donde quieras), la ventaja de Tokio es que sabes que lo vas a encontrar.

En Japón es normal encontrar muchos restaurantes especializados en un único tipo de preparación, cosa que también es cierta para algunos platos populares internacionalmente. Así, son muy populares las hamburgueserías y, recientemente, las pizzerías.

La ciudad de Sasebo, en la prefectura de Nagasaki, es el origen de las hamburguesas en Japón debido a su base naval estadounidense que dio a conocer este plato. Luego, el plato se extendió por todo el país con variedades para todos los gustos, que incluyen desde las típicas cadenas de comida rápida que puedes encontrar en cualquier país a otras típicamente japonesas, con diferentes niveles de precio y calidad (Mos Burger, Freshness Burger, The 3rd Burger, por ejemplo).

Sin embargo, donde Tokio destaca es en sus hamburgueserías gourmet. El decano es Fire House, abierto desde 1996, que sigue haciendo hamburguesas de gran calidad y, sobre todo, popularidad. Existen muchos otros restaurantes de hamburguesas gourmet como Crane, Unchain Diner, The Burger Craft, Sunny Diner, Bossa Burger y muchos otros.

Recientemente también ha llegado la moda de las pizzas de estilo napolitano, con una masa esponjosa, usando los mejores tomates San Marzano y mozzarella de búfala, que replican con gran éxito los sabores clásicos de las pizzas de Nápoles. Algunos ejemplos son Pizza Studio Tamaki, The Pizza Bar on 38th, Pizzeria da Peppe Napoli Sta' Ca, Savoy Tomato & Cheese, Seirinkan o Da Isa, entre muchos otros.

Más allá de esto, en Tokio encuentras restaurantes italianos, muy populares entre los japoneses aunque a menudo con una propuesta algo híbrida entre Japón e Italia. También hay restaurantes de gastronomía clásica francesa mezclados con ingredientes autóctonos y, por supuesto, restaurantes con platos de curry indio, vietnamitas, tailandeses, mexicanos (Los Tacos Azules es uno de los más populares) o incluso españoles, como

> En Japón es normal encontrar muchos restaurantes especializados en un único tipo de preparación, cosa que también es cierta para algunos platos populares internacionalmente. Así, son muy populares las hamburgueserías y las pizzerías.

la arrocería Sal y Amor, el restaurante de inspiración vasco-catalana Amets o el restaurante de estrella Michelin y cocina española moderna Ogasawara-tei, situado en un antiguo palacio de un conde japonés de 1927.

De estrella Michelin

Tokio es la ciudad con mayor número de estrellas Michelin de todo el mundo, lo que demuestra el gran nivel de la gastronomía en el país y lo mucho que les gusta a los tokiotas comer bien.

Lo interesante de la ciudad es que, entre sus estrellas Michelin, encuentras restaurantes tanto de cocina japonesa popular pero elevada, donde hay restaurantes con estrella que se dedican en exclusiva a la tempura (Tempura Kondo o Seiju), *yakitori* (Yakitori Takahashi), a la carne de *wagyu* (Oniku Karyu) o al sushi (Harutaka o Sushi Kanesaka). Pero también hay restaurantes de cocina *kaiseki*, la alta cocina tradicional (Kaiseki Goryukubo o Kaiseki Komuro) o, incluso, restaurantes de cocina japonesa moderna que usan técnicas actuales con ingredientes japoneses y un apego a la estacionalidad típica de la cocina clásica (Narisawa o Ryugin, por ejemplo, con dos y tres estrellas, respectivamente).

Asimismo, también hay restaurantes con estrella de alta cocina internacional, tanto de corte español (como el mencionado Ogasawara-tei o Zurriola), francesa (Apothéose, Florilège o Sezanne, que alcanzó las tres estrellas a finales de 2024), o italiana (Il Ristorante de Nito Romito o Aroma Fresca). Si buscas restaurantes con estrella de cocina asiática, también los tienes, como los de alta cocina china (como Koshikiryori Koki o Sazenka, con tres estrellas).

Evidentemente, la lista se va actualizando cada año, a medida que se añaden (o retiran) estrellas, pero hace ya años que Tokio se mantiene como la ciudad con más estrellas. Pero si no quieres gastar tanto dinero, te recomendamos que eches un vistazo al listado de restaurantes Bib Gourmand en la web de la Guía Michelin.

Esta categoría de la Guía Michelin aglutina restaurantes con una cocina de calidad a precios contenidos, donde disfrutarás sin hacer saltar la banca. Los tres restaurantes de *ramen* que llegaron a tener estrella Michelin ahora son recomendaciones Bib Gourmand, aunque hay en total 17 restaurantes de *ramen* con esta distinción, además de restaurantes de *soba*, de *tonkatsu*, de *onigiri*, de *yakitori*, de cocina española, portuguesa, italiana, india, etc.

Como verás, es muy fácil comer bien en Tokio de cualquier tipo de cocina, y no siempre por mucho dinero.

Escanea el código para ver más opciones de dónde comer en Tokio.

Bares y ocio nocturno

Teniendo en cuenta que Tokio tiene más de 30 000 bares, lo difícil es decidirse por uno. Sin embargo, para que te hagas una idea resumida, si buscas este tipo de ocio los barrios de Shinjuku, Shibuya y Roppongi son fabulosos para encontrar bares, pubs y discotecas. Ginza y Marunouchi

también cuentan con muchos bares ideales para una copa tras la cena.

En Shinjuku, por ejemplo, además de los muchos bares que hay en la zona de Golden Gai de la que ya hemos hablado, tienes Bar Benfiddich, en la zona oeste de la estación, en la 5ª posición en la lista de 50 Best Bars de Asia en 2024 (en la posición 25 de la lista mundial 50 Best Bars). Aquí pueden preparar cócteles espectaculares con los mejores ingredientes y con un conocimiento enciclopédico de cada tipo de alcohol y hasta de la temperatura correcta de los hielos.

No muy lejos se encuentra Zoetrope, cerca de la estación de metro de Shinjuku Nishi-guchi, en la zona oeste. Este bar está especializado en whisky y cuenta con más de 300 referencias. Si el whisky te apasiona, otro lugar espectacular que no te puedes perder es Tokio Whisky Library, en la zona de Aoyama.

Si vas hasta Shibuya, te recomendamos dos bares que también
forman parte de la lista 50 Best
Bars: The SG Club y The Bellwood,
anteriormente parte del grupo pro-
pietario de The SG Club y ahora independiente. Por la zona de Ginza un
clásico que nunca falla es Bar High
Five o, si lo prefieres, Tender Bar.

Sin embargo, además de estos
bares, también es frecuente encontrar buenos bares y coctelerías
dentro de hoteles. Así, por ejemplo,
es muy recomendable Virtù, dentro
del hotel Four Seasons de Otemachi, no muy lejos de la estación de
Tokio en el lado Marunouchi. Si
buscas un buen bar de vinos, uno
muy popular es Apéro (Aoyama),
aunque también te recomendamos
Wineshop Flow (en la zona de Yoyo-
gi-Uehara) o Ahiru Store (Shibuya).

Sin embargo, a veces puede
que sólo quieras un bar fácil de
encontrar, donde tomar una pinta
de cerveza o algún combinado
y comer algo sencillo, aunque
no sea de la máxima calidad, sin
pagar demasiado. Si este es tu
caso, tienes los pubs de estilo
inglés de la cadena HUB, que se
encuentran por todas partes. Son,
además, puntos de encuentro para
la comunidad internacional, con lo
que es fácil que puedas entablar
conversación en inglés con alguien.

Eso sí, ten en cuenta que los
locales que salen en las listas de
mejores coctelerías o mejores bares
requieren casi siempre reserva pre-
via y no aceptan menores de edad.

En Tokio también es
frecuente encontrar bue-
nos bares y coctelerías
dentro de hoteles. Así,
por ejemplo, es muy re-
comendable Virtù, dentro
del hotel Four Seasons de
Otemachi, no muy lejos
de la estación de Tokio
en el lado Marunouchi.

De compras por Tokio

Quizás ir de compras por Tokio
no sea lo primero que te viene a la
mente, porque la capital japonesa
no suele figurar en los listados de
paraísos para compras, como otros
lugares del mundo. Sin embargo, eso
no significa que no puedas encontrar
montones de cosas que comprar y
más si cuando viajas a Japón el yen
sigue teniendo un cambio favorable.

Barrios como Shinjuku, Shibuya, Harajuku, Ginza, Ikebukuro,
Odaiba y Roppongi están llenos
de centros comerciales. También
encontrarás todo tipo de tiendas en
barrios como Akihabara, Asakusa o
la zona de la torre Tokyo Skytree.

Piérdete en algún Don Quijote
(Donki para los amigos), curiosas
tiendas en las que hay absolutamente
de todo, desde dulces tradicionales

a maletas o juguetes. Los estímulos son múltiples, por lo que tómatelo con calma o lo acabarás comprando todo. Otra opción es entrar en una de las cadenas de «todo a cien» más populares de Japón: Daiso. El mayor Daiso de Japón está en Funabashi, a las afueras de Tokio, pero en 2023 abrió en Ikebukuro el segundo mayor local, con cinco plantas llenas de artículos baratos. Aquí puedes encontrar artículos tradicionales a buenos precios, como palillos y reposapalillos, cuencos y platillos, utensilios de cocina y casi todo lo que puedas imaginar.

Si lo que buscas es comprar pequeños regalos o souvenirs, hay tantas cosas típicamente japonesas que son recuerdos perfectos que no necesitas gastar mucho dinero para conseguir algo que sea significativo y que te recuerde el viaje. O si amigos y familiares te piden que les traigas algo, puedes hacerlo sin gastar demasiado y, además, llevando objetos que tienen una historia detrás y que son ejemplos perfectos de la cultura japonesa.

Muchos de ellos son amuletos que puedes conseguir en las tiendas de templos y santuarios de Tokio, como el muñeco *daruma*, ideal para conseguir tus propósitos, o los amuletos *omamori* de protección (los hay de protección general, pero también específicos para estudios, partos, matrimonios, circulación vial, etc.). También puedes conseguir máscaras japonesas como las que verás en desfiles en festivales, hechas con papel japonés *washi* y verdaderas piezas de artesanía (aunque las hay baratas, no

El mayor Daiso de Japón está en Funabashi, a las afueras de Tokio, pero en 2023 abrió en Ikebukuro el segundo mayor local, con cinco plantas llenas de artículos baratos. Aquí puedes encontrar objetos tradicionales a buenos precios

te preocupes). O muñecas *kokeshi*, de diversos tamaños y precios.

Otra buena opción es comprar algo de ropa, quizás un *jimbei* para hombre o un *yukata* para mujer. El *jimbei* es un conjunto informal de dos piezas, en la que la de arriba se cierra como un kimono, perfecto para vestir en las noches de verano como un japonés cuando quieres ir a un festival o a un espectáculo de fuegos artificiales. De hecho, es tan popular que cada vez lo visten más mujeres japonesas. Aunque ellas también suelen vestir *yukata*, una especie de kimono de algodón o algún otro material fresco, mucho más fácil de poner (y más barato) que un kimono. Además, en centros comerciales y tiendas de ropa se venden conjuntos completos de *yukata* que incluyen también el *obi* (una especie de faja que cierra el kimono a la altura de la cintura) y otros accesorios.

En Tokio se celebran también multitud de mercadillos, ideales para comprar antigüedades, cerámica, artesanía y kimonos antiguos. Uno de los más clásicos es el del hipódromo de Oi, cerca de Shinagawa, que suele celebrarse casi todos los fines de semana. También está el mercadillo del Foro Internacional de Tokio que, al celebrarse en Yurakucho, es ideal para hacer todas estas compras en pleno centro de la ciudad.

Asimismo, si te gusta el diseño japonés no puedes perderte Muji, que encontrarás en muchos centros comerciales, aunque la tienda principal de Ginza es espectacular. Si buscas ropa, Uniqlo es tu lugar. De nuevo, encontrarás tiendas Uniqlo por todas partes, aunque justamente la que hay en Ginza, con 12 plantas llenas de ropa y accesorios, te alucinará. Su ropa térmica para invierno y su ropa transpirable y fresca para verano son una verdadera maravilla.

En cuanto a cosmética y maquillaje no puedes perderte Matsumoto Kiyoshi, una de las droguerías más populares de Tokio (y de todo Japón). Además de cosmética japonesa y coreana tiene marcas propias a buen precio. De todas las tiendas, la de Shibuya con 7 plantas es una maravilla. Asimismo, también te recomendamos la tienda de Shu Uemura en Harajuku (con una arquitectura sorprendente), las tiendas @Cosme, siempre a la vanguardia de los productos virales, las tiendas de Shiseido en Ginza y el centro comercial Mitsukoshi, para una experiencia única. Si buscas cosmética coreana, la zona de Shin-Okubo en Shinjuku es ideal.

Escanea el código para ver más opciones de compras en Tokio.

✔	Billete de avión a Japón
	Checklist de nuestro tercer libro «Manual para viajar a Japón y no morir en el intento»
	Reserva de hotel cerca de alguna estación de tren o metro
	Pase de metro o de trenes, según sea tu viaje
	Tarjeta Suica o similar
	Planificación diaria de qué ver
	Planificación de excursiones
	Festivales que no te quieres perder
	Restaurantes que quieres visitar con reservas previas si fuera necesario
	Entradas a parques temáticos o museos con venta anticipada
	Listado de compras que quieres hacer

Checklist

Texto: Laura Tomàs y Luis Rodríguez
Responsable editorial: David Lozano
Diseño: Ángel Sirvent
Edición y maquetación: Ángel Sirvent
Ilustraciones: Ángel Sirvent (creadas a partir de archivos de www.freepik.com)
Cartografía: David Lozano

1ª edición
© Grupo Anaya, S.A., 2025
   Valentín Beato, 21. 28037 Madrid
   www.guiasdeviajeanaya.es

Depósito legal: M-04.648-2025
ISBN: 978-84-9158-944-0
Impreso en España - Printed in Spain

PAPEL DE FIBRA
CERTIFICADO